U0927957

学以为己

——社会学与个人成长

Xue Yi Wei Ji: SheHuiXue Yu GeRen ChengZhang

王建民 著

中国书籍出版社
China Book Press

图书在版编目（CIP）数据

学以为己：社会学与个人成长/王建民著．—北京：中国书籍出版社，2019.12

ISBN 978-7-5068-7419-9

Ⅰ．①学…　Ⅱ．①王…　Ⅲ．①社会学—研究　Ⅳ．①C91

中国版本图书馆 CIP 数据核字（2019）第 197033 号

学以为己：社会学与个人成长

王建民　著

责任编辑　毕　磊
责任印制　孙马飞　马　芝
封面设计　中联华文
出版发行　中国书籍出版社
地　　址　北京市丰台区三路居路 97 号（邮编：100073）
电　　话　（010）52257143（总编室）　（010）52257140（发行部）
电子邮箱　eo@chinabp.com.cn
经　　销　全国新华书店
印　　刷　三河市华东印刷有限公司
开　　本　710 毫米 ×1000 毫米　1/16
字　　数　270 千字
印　　张　16
版　　次　2019 年 12 月第 1 版　2019 年 12 月第 1 次印刷
书　　号　ISBN 978-7-5068-7419-9
定　　价　85.00 元

献给我的学生们

自　序

时间，就像孩子一样，总在不知不觉中长大。到2018年9月份，我登上大学讲台已满十年。回首过去，除了常有时光飞逝的感慨外，也想总结一下这十年的工作与生活。于是，整理了一下平时积累的文字，虽然有的时隔已久，读来却如在昨日，很多场景和体验并未随时间一同流逝。

还清晰地记得，初为人师的第一堂课，是给2007级社会学班讲西方社会学理论。提前到了教室，却在门口徘徊了好几次，不知如何面对一群陌生的面孔，内心十分忐忑。走进教室后，紧绷的神经慢慢放松下来，但发现后排坐着一个老教授，她是来听课的。第一次上课，又被"监督"，难免会有紧张，导致准备了两次课的内容，一次差不多就讲完了。

从那时开始，这十年里，进进出出不同教室，应该有千余次了。可以说，教学经验已经积累了一些，但每学期的第一次课，仍有战战兢兢之感。可能不是因为准备不充分，而是随着年龄的增长，越发看中上课对于学生和自己的意义。回望过去的十年，仍能想起给每一个班级上课的一些场景，眼前还会浮现一些年轻而鲜活的面孔。有这些回忆，并想到学生的成长也有自己的一些知识和情感上的给予，还是很幸福的。

十年来，我感恩于讲台和学生给予我的一切。教学相长，不仅是师生之间在知识、思想上相互促进，更重要的是，人的情感和性情也会在很多次的近距离接触中不知不觉发生变化，其中的积淀本身就是一种成长，它不仅是生活的一部分，也构成了人生意义的重要内容。这些年积累的文字，很多就是对当时的一些思考和体验的记录，它们表达了我对所从事的教书育人事业的理解和体会。

如果从上大学时算起，我接触社会学已有二十个年头，且不说以此为业的得失，仅就时间看，社会学已占据了我已度过的人生的一半还多。做学生时，觉得学社会学就是完成课业任务，顺利毕业，而做了老师后，在无数次阅读、写作、备课、讲课中，与社会学的“交往”可谓更日常而真切，也会更多地以自己的人生体验印证或修正一些社会学观念。在一定意义上，本书收录的文字，便体现了我和我理解的社会学一同“成长”的过程，甚至一些很文学化的文字，也表达了一种社会学思考。

记得博士毕业时，曾有过写一本《日常生活中的社会学》的想法，用人们喜闻乐见的方式，通过身边司空见惯的事例表达社会学的道理。但后来慢慢发现，这其实是特别难的，不仅需要对社会学理论和方法有独到的理解和运用，也有赖于生活经验的支撑。不管怎样，这一初心并未泯灭，于是便有了本书中的一些文字：或是表达对社会学本身的理解，或是运用社会学的视角分析日常现象，又或是在师生交流中劝勉与自省。这也算是圆了十年前的一个梦吧！

近几年，常和学生以及一些友人交流对社会学的理解，觉得学社会学离不开活生生的现实和经验，尤其离不开个人的日常交往和切身体验。学社会学不仅是在学习如何观察和研究外部世界，也是在面对和感知我们自身。换句话说，社会学让我们将观察身外世界和体验个人世界结合起来，将一些理论思考融入日常生活中。因此，学习社会学既是获得一门学问，也是践行一种修养。

子曰：“古之学者为己，今之学者为人。”（《论语·宪问》）学以为己，即为学者的目的在修养自己的道德学问。尽管现代社会学的教育和研究不同于古代的道德学问，但“为学为人其道一也”的道理是相通的。社会学将社会行为和社会现象置于社会情境和社会过程中考虑，不轻易以己度人、诉诸价值评判。学习社会学意味着，要不断在观念与经验的相互修正中反求诸己、推己及人，培养理性、公允的生活态度和行为，这也是本书试图传达的一个核心意思。

无论是科学工作者，还是普通民众，都是在整体的生活中成长起来的，即便是科学家，其科学成果的呈现可能是专业化的，但其“后台”的内容，如分工与协作、研究与生活、工作与家庭等，实际是科学工作更重要的基础。职业化的工作可能使人追求专精的目标，但也可能使人陷入厌倦之中，毕竟“生活”才是更根本的。因此，本书将一些诗文也收录进来，它们可能不是学术思考，但却是个人整体生活不可分割的一部分。

书中文字写于不同时间，题材体裁不一，风格也各异，大致按内容分成了四个部分："社会学作为一种修养"，讨论社会学既是研究"社会"的学问，也是有助于自我修养的学问；"通过社会学去思考"，致力于通过随笔的方式较为轻松地表达社会学之思；"和学生一同成长"，记录了在社会学内外和学生的交流与收获；附篇"诗与文"则是以小品文或诗歌的形式，记人、抒情或言志。

成书时，除了删除少量明显不适合发表的内容外，所有篇章都尽量保留原貌，以记录过去的真实。其中，有的写作时间稍早，有的因未考虑发表而写得比较随意，个别地方前后略有重复，稚嫩及偏颇之处尚祈读者明鉴。

2019 年 2 月 13 日初稿于中央财经大学骋望楼

2 月 17 日修改于北京回龙观龙腾苑五区

目　录
CONTENTS

甲篇 01

社会学作为一种修养

在一个专业领域浸淫久了，人的性情都会受其影响。专业会改变一个人。或者说，如果从事一个专业很久，却对个人性情没有改变，那这种工作还有什么意义呢？在社会学领域越久，就越体会到，扎根于鲜活的生活，对于吸收了大量理论概念的头脑，具有救偏补弊的作用。社会学专业的特别之处是，人对很多概念和理论的理解，会随着社会阅历和生活体验的增加而变化。对社会学人而言，真正的“田野”不是研究时选取的“地点”，而是鲜活的日常生活。因此，社会学就是一种生活方式，也是一种“修养”。这种“修养”，是对社会生活底蕴的细微体察，并基于此而养成反省自我、平和处世的性格。

在观察社会和省察自我中理解社会学

一

2018 年 9 月 6 日，淡云轻卷，秋阳不燥。

这天，中财社会学迎来 51 个“小萌新”——2018 级社会学类本科生。

你们来了，真好！

这是看到一幅幅新面孔时，老师的心情。

初入大学，对于刚结束高考不久的你们来说，是一个实现梦想又开始新征途的时刻。迈入大学校门之前，大家充满梦想和期待；进入大学校门之后，大家可能会逐渐心生疑惑：这真的是我梦想的地方吗？我期待的美好又在哪里呢？

是的，你有这样感受和疑问，是对的！

从中学到大学，变化的绝不仅仅是老师的数量和校园的大小，对一个刚结束中学时代的“孩子”来说，这一转变甚至是“剧烈”的。在这里，没有父母的陪伴，没有固定的教室，也没有像高中那样明确的学习任务和“伟大目标”。

来到大学，可能最令你窘迫的是：越来越发现自己是一个不再有远大理想的人，高中时代的激情和梦想，似乎从自己的身体里悄悄溜走、不知去向了。

大家可能会感到自己的生活充满了矛盾：当卸去了高中疲惫的学习任务，迎来大学的自由，却感觉不到太多的轻松愉悦，而是常常像一根羽毛那样，飘来飘去，没有重量，也没有方向。你甚至可能觉得：高中挺好的，真想再回去做几年高中生，哪怕是听听老师的批评！

如果你有这样的感觉，没必要觉得羞愧，这种体验很正常，它其实表明了你的真实和坦诚。

除了对从高中到大学的转变的感受外，你可能还会对自己的专业“纠结”，这种纠结可能在高考报志愿时就开始了。

在中财，来到社会学类专业，你可能有这样的“纠结”：社会学是什么？社会学能做什么？四年后，这类专业能让我找到一份“好”工作吗？它会让我在若干年后变成一个成功的人吗？

别担心，有这种纠结也是正常的，这恰恰说明了你的单纯。相反，如果你已经“老道”到对自己的人生目标和各种选择一清二楚，反倒令人担心。单纯，意味着可塑性和可能性；老道，看似精明善算实则故步自封。

一切才刚刚开始，别担心，别着急。请记住，你现在的状态不是“问题”，而是你的生活本身。

来到大学，很多事需要你自己慢慢体会，也慢慢地在得到与失去、满足与失落之间逐渐变得成熟。

当然，你们并不孤独，老师们不是旁观者，我们在背后默默地关注和支持着你们，尽管这些“后台”的事，你们并不是很清楚。

虽然我们无法也不能代替你们去生活，但我们是同行者，现在可以谈谈在你看来可能十分重要的问题——社会学是什么？社会学能做什么？

二

就我个人而言，我现在所理解的社会学，和十年前刚迈上大学讲台，十九年前刚上大学时相比，已经很不一样了。十九年前，如果有人问我“社会学是什么”，我可能会背一段教材上的定义；十年前，我可能列举几个社会学的分支领域。

今天，作为一个从教十年的社会学教师，我想说的是，我们的工作不是告诉大家一个概念或一个结论，而是在大家的心里播下一颗颗种子，这些种子能否发芽、生根、长大，需要丰厚的土壤。这土壤不是别的，是真实的社会生活。

即便我现在给一个“社会学是什么”的答案，如果没有对生活的真切体悟，如果我们之间互不了解，这个答案也是陌生的、肤浅的，它不会走进你的心。

在我看来，社会学是一个有些“特别”的专业。人们常说“一千个读者有一千个哈姆雷特”，在一定程度上可以说，“一千个人有一千种社会学”。其实，这种差别本身就具有社会学内涵，因为不同的家庭环境、成长道路和人生体验，使得每个人理解的社会学会有所不同。

因此，“社会学是什么”的答案越明确，其实问题越多、疑惑也越多，因为那样，相当于每个人都戴上了一副有色眼镜，世界的色彩就十分单调了。

我们暂且抛开那些抽象的定义，把我们自己放到所处的环境中，尝试回溯一下我们的成长经历，尝试从父母、亲友、老师、同学的角度看看我们自己。

请注意，不要理所当然地以为他们如何看待我们自己，要先去站在他们的角度理解他们，再从他们的角度看待我们自己。当你努力这样做时，可能多少会有这样的感受：原来我是这样变成我自己的！

我理解的社会学，就是在变动的生活中，感受个人的成长、命运与周围世界的关系。简单地说，欲理解社会学，要结合我们所处的环境和我们的切身体验才行。

可能有一些同学已经锁定了奋斗的方向，甚至设计好了“人生蓝图”，但是，别忘了，新的生活才刚刚开始，方向和蓝图还会随着社会的变化和生活体验的增加而修正甚至更改。死咬抽象目标不放而罔顾鲜活的生活的人，不能算是一个坚定的人，而是“方向”和“蓝图”的奴隶。

这当然不是说我们不要做一个坚定的人，而是说，不要拘泥于抽象的观念，只活在一己的想象的世界中，而要把美好的想法和目标放到真实而丰富的社会生活中来理解和体会。

就此而言，社会学是让我们通过真实的社会生活来理解自己的一种视角或眼光。举个例子，大家可能觉得，中央财经大学和我们之前想象的不太一样，很少看到白发苍苍的教授，也不会经常在校园里听到人们讨论学问和人生。这可能不是大学变了，而是因为，我们之前更多的是想象大学，但并不真的了解它。

这时，大学里的一些不如意，有些不是环境的问题，而是我们太执着于自己头脑里的观念，不愿意去面对生活本身。在这个意义上，社会学是一门让我们学会发现真实生活并因此而变得理性平和的学问。

就我个人而言，我的社会学和各位新同学的社会学也不一样，我可能比大家对命运有更多感受——我的家庭出身、成长路径、交往对象，规定了我人生方向的很大部分；但与此同时，生活也充满了惊喜，使我们有机会在某个方向上突出重围。有命定有偶然，人生才有滋有味。

我们需要通过对社会的观察、对自己的省察来理解社会学。这个过程，既是认识社会学的过程，也是我们自身成长的过程。因此，如果我们想知道“社会学是什么”，也需要问问：“我是什么样的人?”“我想成为什么样的人?”

社会学也好，其他专业也罢，我们姑且不必问它对社会、对国家有什么意义，首先要试图体会它对我们自己有什么意义，它会把我们自己变成怎样的人。如果我们还没有静下心来认真了解和体会一个专业，却要问这个专业对社会和国家有什么用，是不是有些本末倒置呢?

三

大家还很关心的问题是：社会学能做什么?

首先，希望大家注意，大学不是技校，大学的意义也不是用具体的技术或某个用途可以衡量的。我想结合中财社会学人才培养目标谈谈“社会学能做什么”。

我们的目标是培养“社会运行的深刻洞察者”和“美好社会的积极建设者”。

什么是社会运行?往小处说，一场开学典礼有序进行，一般不会突然有人向主席台扔鞋子，这里面就有一个秩序，那么这个秩序是如何维持的?大家不妨去想一想。

往大处说，中国作为一个人口众多、国情复杂的大国，不会整天战火纷飞或危机不断，那么是什么力量在维持着这种状态?这也涉及社会运行问题。

社会学就是要培养我们洞察这种运行，只有这样，我们也才能够正确认识自己在社会中的位置，以及未来的道路与人生的可能性。

什么是美好社会?往小处说，是家庭幸福、人际关系和谐，比如同学关系、同事关系融洽；往大处说，是社会公正、人们遵纪守法、大多数人都对未来生活充满期待，等等。

社会学人要努力通过所学，致力于建设美好社会。建设美好社会不是一个遥不可及的目标，可以是通过身体力行改变周围的环境，也可以是以思想和学识影响他人。不管怎样，都是把我们的想法和行动扎根于真实的社会生活之中——不做空洞的激进派，也不做呆板的行动者。

可能有同学会问，去建设社会，学技术不是更快吗，为什么还要学社会学？但大家想一想，技术是怎样产生作用的？为什么有的企业能在技术上不断推陈出新，而有的企业却在技术创新的竞争中败下阵来？为什么学习同样技术的人，有的人能够顺利找到自己的位置，而有的人却只能哀叹无路可寻？

社会学的视角或眼光，会告诉我们技术及其应用背后更深层的道理，告诉我们技术背后的社会文化逻辑可能比技术本身更重要。

我们对社会运行的洞察，对美好社会的追求，不是追求无限的自由，有时可能相反，是不断感知行动的边界。

也许有同学觉得，某个会议、某个典礼或某次活动，有些乏味无聊，甚至想马上逃离，但此时你会感受到边界，它在人和人之间，也在每个人的心里。边界不是我们的敌人，而是社会生活的组成部分，也是我们开展日常生活的条件。

不断感知秩序与边界，才能感知生活的必然性与可能性，会对生活中的种种不如意，坦然面对、泰然接受。

当我们越来越游刃有余地生活在这个世界中，我们可能对社会学的理解越来越真切，而这无关权力的大小和财富的多少。

四

各位新同学，从你们迈进中财校园的那一刻起，从你第一次见到吞吐大荒的雕塑时起，有些种子就已经埋入了你的心里。我相信，社会学系是我们共同的土壤，我们的相遇本身就是我们自身成长的一个环节，让我们共同珍惜、一起努力！

我们来到中央财经大学，来到社会学系，绝不仅仅是为了一纸文凭或谋得一份工作，我们来这里的意义，是在我们最美好的青春年华，这里给我们播下的种子，让我们在日后的人生道路上，变得敏锐、平和、踏实、坚韧，让我们在发现社会之复杂的同时，也能保持人性的简单。

扎根于社会现实的土壤，珍惜日常生活的点滴，慢慢地，那个不一样的自己自然就会到来。

此时，让我们心手相连，静待花开，且听风吟。

(2018 年 9 月 10 日初稿，10 月 4 日定稿。刊于中央财经大学社会与心理学院院刊《理想国》[内部刊物] 2018 年第 3 期/总第 26 期)。

寻找自我的土壤：社会学者眼中的大学生成长①

一、引子

首先，感谢柴兴云老师的邀请和他的介绍。刚才柴老师说我们的简历要简单点，多了都是虚的，今天我就是以一个普通的大学老师的身份来和大家做一个交流。

对于柴老师的邀请我欣然接受，有两个原因：首先我跟他一样，不仅是大学老师，还都是班主任。我是 2008 年来中央财经大学任教，当时就做了班主任，做了四年，去年又主动请缨，第二次做班主任，学生是 2016 级的，现在读大二。所以我觉得，我在与本科生的交流方面、对本科生现状的把握和看法上，和柴老师都有一些共同的话题。

第二点原因在于，我也很赞同多面向本科生尤其是新生举办人文讲座。我想这样一个广义上的人文讲座，主要谈的不是一些艺术作品或者某个道理本身，而是我们师生交流的共性话题。我理解，所谓“人文”，只有“走心”才是人文，而不是一个摆设。那么，怎么走心呢？其实不那么容易，大家多数都是“00 后”，我们起码比大家大二十岁左右，我们之间能走心吗？能很容易走心吗？

我觉得这个“人文讲座系列”特别好，尤其是在北京中医药大学开这样的讲座，很有必要。我本人感同身受，这里是医药大学，我在财经大学，一个中药，一个财经，都特别“专”，专的好处是培养的人才可能成为专家，缺点在于我们的很多视野和机会在大家入学之初就被框定了。比如，听说大家上次的讲座是关于艺术欣赏的，那听一首《十面埋伏》之类的古典名曲，

---

① 根据 2017 年 12 月 5 日在北京中医药大学的演讲录音整理而成。

我们会有很强的审美体验吗？如果没有，是这个曲子太老了，还是我们缺乏基本的文史准备和内在的艺术感受力？

我想，越是专门化的大学，越是需要人文方面的讲座。因此，我根据这个考虑，设计了这个题目——寻找自我的土壤。这个题目好像还带一点人文色彩，加一个副标题，想体现我们社会学的视角——一个社会学者眼中的大学生成长。

在来的路上，我在想一个问题，我除了和柴老师的朋友关系之外，还有哪些事能和中医药大学产生关联？我突然想到了几十年前的事——虽然我现在还不太老，大约在我八九岁的时候，那时容易生病，吃过两种记忆特别深的大药丸，龙胆泻肝丸和百合固金丸，当时的症状可能是容易上火和口唇干燥，还有挤眉弄眼的毛病。吃药时，我把一个大药丸分成十几份，趁父母不注意，塞在炕席底下，后来父母打扫卫生时才发现我偷偷扔了一些药丸。

再后来，我会根据自己的身体感受，主动去了解一些中医知识，也逐渐体会到中医可能不在于医治和药品本身，而在于使人如何认识自己的身体、精神和环境等多面之间的关系。所以，我后来给自己下了一个“诊断”，我可能是那种容易上火的人，中医可能叫肝阳上亢；我可能又是阴虚体质，大概了解这种体质要靠滋补，所谓“虚则补之，实则泻之”。我觉得通过这种感受，好像对自己的身体有种不太容易说清的想象，于是在饮食、情绪和作息时间上会有一定的注意和调整。我想这是我和中医药大学有关联的另一个方面。

我今天要交流的话题，在某种意义上与这种感受和思考是有关联的。我想，不管是对一个人的成长而言，还是对一个中医药的研究者而言，可能有一个共同的理念，就是“平衡”：人的身体作息的平衡，人和环境的平衡，当然也包括人际关系的平衡，会影响我们的身心状态。我们尢其是大 ·的同学，如何在这种平衡中看待自己，可能是值得思考的事情。

首先，我们看几个老生常谈的，可能还有点“虚”的问题。第一个问题，你有梦想吗？大家可能会说“我们都有梦想”。第二个问题，你有困惑吗？肯定有困惑，就像我今年接触了很多像在座各位一样的大一同学，他们就有很多困惑。第三个问题，你知道自己是谁吗？除了自己的姓名和身体之外，大家肯定也有思考“我究竟是个怎样的人”，不仅自己去把握，还会去询问别人的看法。最后一个问题，你想过“我为什么是我”的问题吗？我们现在的性格，考虑问题、待人接物的方式，为什么是这个样子，这有一个过程，而不是生来如此。

这几个问题都涉及我们今天要讨论的话题：如何认识自我。当然我们不是把它作为一个哲学话题来讨论，因为哲学话题似乎很抽象，探讨起来难以有明确的答案。我想从我专业的角度和从教十年的经历与感受，来谈谈对这个问题的看法。

我的分享想从五个方面来进行：一是“题目的意思”，即主题和副题，什么是“寻找自我的土壤”，什么又是“社会学者的眼光”。二是“漂浮的自我”，什么是漂浮的自我呢？你想象自己是一个气球或羽毛，这就是一个漂浮的自我，这种漂浮的自我可能不是一件令人舒服的事。总飘着不行，需要落到地上，需要平台和基础，这就是第三个方面——自我的土壤。这种自我的土壤不会自动实现，它需要条件，需要去摸索，那么怎样去摸索？我有几点个人的建议，这是第四个方面。最后，第五个方面，按照柴老师的建议，推荐一本书，这个任务我想了我很长时间，因为特别难，推荐十本书很容易，推荐一本是最难的。

二、题目的意思

我们交流的主题是“寻找自我的土壤”。这个标题的读法有两种：一种是寻找/自我的土壤，这是动宾式的，“我”去寻找；第二种读法是寻找自我的/土壤，说的是寻找自我需要条件和环境。所以，加在一起就是，“我”在什么条件下去寻找自我。我谈的这个条件，不是一般意义上的头脑思考，比如我们坐在图书馆或宿舍里，闭上眼睛冥思苦想：我究竟是谁，我来自什么地方，又去向哪里。我更多谈的是外在条件，因为我是学社会学的，习惯谈社会条件，比如家人、同学、室友以及其他更多的交往对象。

第二个是副标题：一个社会学者眼中的大学生成长。首先，什么是社会学？这是社会学业内人士最棘手的问题，往往说不清。你告诉别人什么是经济学、政治学，别人通常有一些感性印象，比如经济学的生产、消费、利润，政治学的政党、政府、国家。社会学的一些概念，如社会结构、社会分层、社会流动，似乎让人觉得看不见摸不着，好像比较虚。

这里，我通过两个例子来初步回答一下社会学是什么，给大家一些感性印象。第一个例子被称为“汉堡包奇迹”，说的是，如何在不借助他人的条件下制作一个汉堡包。现在这个东西很容易买到，不像 20 世纪 90 年代麦当劳、肯德基对于我们来说都是高档餐馆。那么，不借助任何人的帮助，怎么去制作这个东西呢？

这类似一个思想实验，大家可以想象一下。首先，如果夹的是牛肉饼的话，怎么做牛肉饼？牛肉从哪里来呢？牛！没错。但是，你不能从农民手里买牛，因为这涉及你和农民的社会关系了。你可能会说抓野牛，但野牛很多，你怎么把它抓住并杀死？有可能牛没有死而你先挂了。你可能把牛赶下悬崖摔死了，但是你怎么下去？杀死牛后，又怎样剥皮、取肉、把肉捣碎？你可能需要一把刀，如果用石头的话，肯定会非常费劲。假如你有了牛肉饼，但是面包呢？面包需要面，但不可能现种小麦，也没办法磨面粉。此外，还需要调料和蔬菜，等等。种种细节不用说，大家也明白，非常复杂。

这样想的时候，我们会发现，制作一个普通的汉堡包涉及各色人等和各类分工，工具和流程都非常复杂，换作另一样东西也是如此，比如大家穿的衣服、戴的眼镜、用的手机，其中有些人跟我们的关系是间接的，有的是直接的。总而言之，我们会借助很多社会关系，借助很多人的帮助，才能实现制作一个汉堡包的结果。

再看另外一个例子，和健康有关。先说两个事儿，一个是前段时间我父亲弄一个很大的瓶子，下面带阀门的那种，弄了一桶白酒，泡了很多枸杞。我说你为什么泡这些枸杞啊，从哪儿买的啊，干不干净健不健康啊，他也不太清楚，说听隔壁的邻居说“你现在皮肤不太好，而且可能有其他毛病，枸杞能治你的病”。他觉得既然人家都这样说了，那就试一试吧。当然，我的反应是：这个科不科学，健不健康，对不对症？但实际上，我的父亲是一个农民，他的头脑不是这样想问题的，他觉得邻居是好意，告诉的经验也是可信的，不行就试一试，对自己的身体可能有帮助，反正用了不会有明显的不良反应。所以，在这件事上，我们的观念是不同的。

另外一件事是，我去年指导一个本科生做毕业论文。他在河南洛阳的农村发现一个现象，那个村有很多老年人经常去一个小诊所，一边聊天一边挂吊瓶，用的主要是一些消炎药。这个学生发现，往往不同的病挂的都是同样的吊瓶，甚至感冒和高血压挂的都是消炎的药。如果按照医学来讲，这个太不可思议了，甚至可以说农民太“无知”。但是为什么大家会很轻松地像消遣一样挂这个吊瓶呢？因为很多老年人感到无聊，而那个诊所是一个公共空间，他们经常去聊天，大家对自己身体的认识有的就来自于聊天中的相互影响和暗示，加上诊所的医生可能也有点问题，因为挂吊瓶往往比开一般的药赚钱更多，而且又没有明显的副作用，所以很多农民就去挂吊瓶，他们本身也没觉得有什么异常。

我们暂不评价这些现象，泡酒也好，挂吊瓶也好，我们首先要了解它们为什么发生，对方怎么想这个问题，而不是我怎么想这个问题。就像我面对一个新同学一样，这个同学今天没有上课，我们做的可能不是说我觉得你应该怎么样，我对你先做出一个评价，而是要了解你是怎么想的，你是因为什么事不上课了。这其实是两种很不同的方式，在处理问题上效果也不一样。如果我单向自上而下地批评你一通，你会觉得很不舒服，因为有可能你去做了另一件很有意义的事；但假如我先进入你的心理和想法，站在你的角度来看怎么跟你沟通，结果就会不一样。

更进一步说，教师对学生的了解，不仅要看当前的状态，如性格是内敛还是外向，积极还是消极，还要大致了解他的成长经历。比如我所在的学院要求大一新生入学之初要写一个“小传”，相当于成长简史，我们会了解你过去是怎么样的，成长在什么样的家庭，父母是做什么工作的，等等。在“过程”中了解一个新同学，我们就不会轻易对他/她定性。

那么，说这两个例子有什么用意呢？我想，上述两个例子可以这样来思考，汉堡包的例子是说，一个人需要借助他人的力量，无论是直接的面对面的，还是间接的，才能生存，才能处理看似比较容易的事。第二个例子说明，我们对一个现象或人的了解，要基于真实的生活，不能根据一己的想象去判断。比如，我根据已有的经验和想象判断一个同学是什么样的人，给他贴个标签，这可能是危险的，会影响双方的沟通。哪怕是对一个有“问题”的同学，我们也要试图理解之而不是随意批评，而且要实现这种理解，只通过只言片语是不够的，还要对这个人更多的行为与生活有进一步观察。

总体而言，我们社会学的重要特点是，在社会结构和变迁中看问题，或者通俗来讲，在社会环境和变化中看问题，不会仅停留于当前所见或抽象的理论思考。这是我们社会学很重要的思考问题的方式。那么，我今天谈的话题，所谓基于社会学的视角，也是体现在这两个方面，注重环境对人的影响，并且把这种影响当作一个过程来看待，这就是副标题的大致含义。

副标题还有另外一个关键词，就是“大学生成长”。首先涉及的是，什么是“大学”和“大学生”。对于大学，大家应该很熟悉《大学》中的一句话：大学之道，在明明德，在亲民，在止于至善。它强调的是明德新民，所谓明德就像发出光亮一样，应该在黑暗中发出亮光，不断更新，每天的学习和修养使我们变成不同的自己，有进步、有提升，尤其是境界的提升。

英文中的“大学”大家也清楚，是 university，和 universal 同样的词根。universal 有两个主要的意思：一个是宇宙的、全世界的、很普遍的；另一个是通用的、“整全”的，反过来讲，不是零碎的、片段化的。这带有大学最初意义上的内涵，培育整全的人。再看英文意义上的“大学生”，四个年级有不同的词，中文看不出差别，英文则比较明显。大一叫 freshman，现在叫“小鲜肉”，很新，是初来乍到的人；大二叫 sophomore，有点经验了，后面有个 more，大家大二的时候开始逃课、开始谈恋爱、开始有更多社会活动的参与，回首大一会觉得自己很不一样；大三 junior，更高级一些；大四 senior，变得更成熟了。

那么，从大一到大四，就是从新人变得更有经验、更成熟的过程。进而，就大学而言，是变得更“整全”的过程。所以，问题就是：我们如何从一个新人，变成一个更高级更成熟更“整全”的人？

再简单解释一下，整全人的反面，是高度专门化和高度专业化的人，是“狭隘的专家”（当然，这里只是举一个极端的例子，无意于歪曲或贬低“专家”）。我们把它说得极端点，专家就是专注于一门技术，不闻天下事，做好自己很小的一摊，美好的景色、动听音乐或者别人的喜怒哀乐都与我无关，这就是专业化的人的特点。还有一个词，叫“单面人”（one dimension man），人单面接受某个事物的影响，以至于对很多事物都缺少了感受力和领悟力，对于别人的感受和心情也很难共情地理解，这也是整全人的反面。

三、漂浮的自我

（一）什么是“漂浮的自我”

我们很多人，不仅包括在座的各位同学，可能也包括我和一些像我这个年龄的年轻教师，会时而感到自己忽上忽下地“飘”着，这涉及我们一开始提到的“我是谁”的问题。当然，现在这样提问大家可能没有任何感觉，因为这个感觉可能在某个特别的时刻才突然出现，比如独自一人走路的时候，比较寂寞的时候，或遇到挫折的时候，这时人会想“我到底怎么了？”“我做得到底怎么样？”等问题。

我们可以通过几幅图片来想象一下人可能面对自己的自然场景。想象一下仰望星空，或者走向大海的感觉，面对星空和大海，我们都会有以一个非常简单和渺小的个体面对庞大对象的感觉。再想想自己背靠一棵参天大树，用手去触摸树皮，感受生命的沧桑，那种感受可能是一刹那的，但可能是最直接的生命体验。大海和古树我们平时可能感受不到，星空也需要在天气很好时才能看到，但我们可以感受田野，感受那种最天然的感觉，这是城市生活中难以感受到的。这时候，大家可能会想一些形而上的东西，思考生活到底有什么意义，怎么去生活，以及“我是谁”这类话题，这些话题有时仅仅通过冥想或书本是不会有直接感受的。

那么，什么叫“漂浮的自我”？

首先，借用王国维先生的一个词“无我之境”，我们当然不是谈美学意义上的“境界”，这里的“无我之境”想说的是，个体与所处环境融洽合一，少有思考自我时的困惑和焦虑，而“漂浮的自我”和“无我之境”相对。

著名社会学家费孝通先生在《乡土中国》中提到，传统中国基层社会是一个礼俗社会，人际关系靠代代沿袭的传统来协调，而不是打官司，说“维持礼俗的力量不在身外的权力，而在于身内的良心”。良心来自我们从小到大受地方习俗和父母教育的影响，可能根深蒂固。人从教化中养成了敬畏之感，这种敬畏之感平时感受不到，一旦违反就会体会到，比如偷东西心里会感到不安，所谓头上三尺有神明，好像有眼睛在盯着你，那是良心在起作用。他又说，这种情况就是“社会和个人在这里通了家”，你意识不到社会对你有什么压迫性，觉得一切道德习惯和礼俗的约束都是自然而然的。费孝通用孔子“学而时习之”的“习”字解释人对传统的服膺过程，即不断重复和操演，人会觉得自己和社会已经融为一体了。

在这种情况下，没有所谓的“个人”，人都从属于家庭、家族和村落，从属于传统的道德习惯，我们说这是一种“无我之境”。比如，一个农民不会经常想“我是谁”“我种地有什么意义”之类的问题，因为他的内心世界被良心、礼俗填满了，也就无所谓“自我”问题的凸显。

我们现在所说的独立意义上的个人的产生，是一个相对晚近的事。一般称欧洲文艺复兴之后，才有了我们所说的个人意识的觉醒。而之前的中世纪，在天主教一统天下的情况下，人人都从属于教会国家，天主教的宗教权威是至高无上的，在这种情况之下无所谓个人的产生。有了文艺复兴和宗教改革，出现了所谓“上帝之城散落的个体”，有了个人主义。比如新教改革，信徒个体可以独自解读圣经了，可以不靠神职人员而个人直接感受自己与上帝的关联。大家想象一下，很久以来人的学习都是老师讲学生记，但后来学生可以独自去看书和思考了，于是个体的独特想法便有了生长的空间。加上印刷术的广泛流行，人们可以独自去读书和思考，也促进了个人主义的发展。随着启蒙思想的传播，人们的自由、平等、权利观念也逐渐增强，开始意识到自己和别人不一样，不再顺从已有的权威——君主、教皇甚至是家长，在这种情况下个体自由空前提升，但同时也带来了选择的重负。

对于选择的重负，大家可能都会有一种特别深刻的感受，从高中进入大学就有些类似于这个过程。在高中时，没有选择的自由，就是那几门功课反复学习，学习就是为了高考考高分。高考的意义重大，对很多普通家庭的孩子来说，上大学可能是改变命运的唯一通道。上大学以后，那种“三点一线”的生活和作业负担明显减少了，但大家会觉得没有方向感。我们有了更多的自由和选择，但这种选择不是一个方向，而是很多方向，大家难以确定哪个选择更好，在比较中徘徊犹豫、患得患失，就会有一些焦虑。

大家想象一下自由来了之后如释重负的状态，可能出现米兰·昆德拉所说的“不能承受的生命之轻”。按现代人的观念来看，有负担以及别人压迫我们是坏事，但有句话说得有些道理：“专制下的人民最有安全感”，意思是你不用操心任何事，因为你的一切都被固定在有限的范围内，没有选择和表达自己想法的余地，生活就是吃喝拉撒这种琐碎的私人事务，没有公共参与。但是一旦人有了更多选择和表达的自由时，反而会出现适应的问题，按照米兰·昆德拉的说法就是：“当负担完全消失，人就会变得比空气还轻，就会飘起来，就会远离大地和地上的生命，人也就只是一个半真的存在，其运动也会变得自由而没有意义。”不知大家从高中到大学是否有这种感受，可能或多或少都有一些。当然，在我看来，这不意味着一个人本身有“问题”，不意味着是坏事，而是一个真实的状态，在一定意义上，这也是群体的、社会的甚至时代的问题。

当人有了自由后，可能会觉得没有方向感。美国有个心理学家、精神分析学家，叫弗洛姆，他有本很有名书《逃避自由》，说当人面临选择而茫然没有方向感的时候，会有两种方式化解焦虑：一是自虐，自虐不完全是把自己束缚起来或者伤害自己，也包括取消自己、顺从权威，如依赖他人安排自己的生活，当终于找到一棵新的大树来依靠时，人便体会到安全感。另外一种心理是施虐、残害他人，通过对弱者的伤害凸显自己的强大和力量，从而感受到信心和自信。弗洛姆分析了希特勒掌权的纳粹德国，很多民众愿意听命于权力的支配，再加上希特勒这个人具有很强煽动性，“粉丝”特别多，很多人甘心为其自杀，那是一种自虐，而施虐体现在屠杀犹太人上。

再回到我们中国。大家知道，中国的现代进程大概可以追溯到鸦片战争，那时，西方的科学与思想逐渐传入中国，中国人传统的宇宙观逐渐解体。中西方的宇宙观是非常不一样的，我们的宇宙观有很强的阴阳五行观念。世界是怎样构成的，我和这个世界是什么关系，西方往往强调我们去认识自然、面对自然，然后发明技术和制造产品，人在征服自然的过程中彰显了自身的力量。但中国的重要思想是，人从属于自然，人与自然是内外和谐的关系，二者并不是冲突的。人们常说，西方是主客二元对立的思维方式，而中国则追求天人合一，当然这种观念在近代以来逐渐发生变化。

大家知道，宇宙观和世界观是人生观和价值观的基础和前提，这个东西坍塌了，人的生命价值观、生命意义也会逐渐出现问题。比如，举个例子，有个美国社会史研究者，译名是罗芙芸，写了一本书叫《卫生的现代性》，提到中国的“卫生”概念最早来自《庄子》的“庚桑楚”篇。在那里，“卫生”什么意思呢？通俗讲就是保卫生命。怎么保卫生命？饮食方、春夏秋冬作息时间的调整、情绪的控制等，这是很私人的做法。中国传统重要的宇宙观认为人是一个小宇宙，我们身心需要平衡，而世界是一个大宇宙，大小宇宙平衡我们才能健康，但这种卫生观念近代以来发生了变化。西方的科学技术通过医学和化学的翻译传入到中国，加上西方列强看到北京和天津比较破败的城墙和脏乱的街道，以此为由干涉中国政府管理城市的权力，迫使清政府改进公共卫生，所以1905年天津设立了中国近代第一个公共卫生局。中国传统思想中是没有现代意义上的公共卫生概念的，这种比较私人化的卫生概念在受西方科学技术和政治的影响下发生了变化。类似地，中国传统的儒家思想、文化观念的很多方面也发生了变化，出现了“我是谁”的焦虑，晚清民国知识精英关于“古今中西”的争论，其实就体现了这个问题。当时，困惑于“我是谁”的问题，不仅是个人的问题，也是整个民族的问题。

到了五四新文化运动，口号是“打倒孔家店”，往往把传统妖魔化了，一谈到传统，就要提男尊女卑、三寸金莲、父母之命媒妁之言等所谓的“问题”。在这种情况下，人的家庭观念也面临着调整，比如说巴金的小说《家》，就有年轻人自我意识觉醒的成分，他们开始反抗传统的家长观念了，大户人家的少爷认为喜欢一个仆人丫头也是正常的，不用按照父母的要求做。我们往往将其作为具有启蒙意义的作品来看待，认为它凸显了先进的新青年的思想意识，但现在我们想想，假如我们是那个时代大家庭的家长，我们的孩子都不听我的话了，我们根深蒂固的家庭观念他们不认同，甚至激烈反对，那会是什么样的感受？这种自我意识的觉醒会带来社会关系、家庭伦理等方面的复杂变化。

再看当下的情况，商业意识、资本积累、消费主义是社会风尚，在这种情况下个人的意识、个人的选择、对财富的欲望都在增加，但是大家想一下，我们有没有共同的土壤呢？例如，有很信赖的朋友，有很稳固的用于调整自身行为的价值观念，觉得当下和未来的生活很踏实，等等。在某种意义上，很多人都是流浪者，或者说得再形象点，都是丧家狗——没有精神家园的人，而这正是在人有了更多的理想和追求后出现的情况，如果没有个体意识、没有选择就不会有这种茫然无措的情况。当然，我们并不是说有个体意识是错的，而是说在客观现实上，个体意识萌发的过程会伴随一些问题。

有一部电影叫《昨天》，我今天讲的题目——寻找自我的土壤，就是看这个电影后写的影评。简单谈一下这部电影，主角叫贾宏声。再说另外一个人大家就知道了，他是影视明星周迅的前男友。这部电影，贾宏声是角色名也是演员的本名，他的父母也真人出演。贾宏声是当红明星，成名后觉得生活没什么意义，演戏太虚伪，然后走上了吸毒的道路。他觉得生活很难受，和别人的关系很差，后来喜欢上了摇滚，喜欢摇滚歌手列侬，说自己就是列侬的儿子。在贾宏声出现了一些问题之后，他的父母从吉林举家搬到了北京照顾自己的儿子，但他自己非常不理解父母的做法。他父母是话剧演员，他问他们：你们演了一辈子话剧，你们觉得生活有意义吗？你们为什么来照顾我，我不需要你们的照顾。他觉得他是一个独立的个体，但他们却生活在同一个房子里，他觉得这不是他追求的生活。他父母用的香皂他看不惯，扔掉了，他父亲穿的很肥的裤子他也看不惯，非让父亲穿上很瘦的牛仔裤，父亲为了照顾儿子的情绪，无奈只能听从。

这个电影矛盾最尖锐的时刻，是贾宏声跟父亲在一桌吃饭，因为话不投机扇了父亲两个耳光。那个镜头的冲击力还是很强的，因为真的是儿子在打父亲，即便是在拍电影，看着也很残忍。但他的父母依然没有放弃，他们觉得自己的职责就是照顾好孩子，尽父母应尽的义务。贾宏声说他的生活就是和这个世界“死磕”，在我们看来就是一种格格不入的感觉。当然，影片中他经过医院治疗后恢复健康了，是一个圆满的结局。这电影是2000年左右上映的，但在2010年贾宏声跳楼自杀了，也许他最后还是没有真正走出来。他所追求的也是一种自我，但为什么和父母格格不入，也许他始终没有真正想清楚。

另一个电影，是王家卫执导的《东邪西毒》，这是部古装片，但很有现代的味道。简单说一下，张国荣饰演的欧阳锋，喜欢张曼玉扮演的他的大嫂，为了逃避他们的三角关系，他在大哥结婚的当晚离家出走，来到遥远的沙漠，开了一家客栈，做中介人帮别人找杀手。梁家辉扮演的黄药师是一个“多情种”，他和欧阳锋是好友，每年都会去荒漠里和他聚一次。梁朝伟饰演一个盲武士，因为他知道黄药师喜欢自己的相好，也就是刘嘉玲饰演的桃花，并且桃花也喜欢黄药师，所以盲武士也选择了出走，但是他的视力在下降，他希望失明之前能回去看看桃花，但最后却死在马贼的刀下，命丧异乡。然后是林青霞一人饰双角，慕容燕和慕容嫣，就像是精神分裂的那种人，她女扮男装，因为黄药师的一句话“如果你有一个妹妹，我会娶她为妻”而心烦意乱，她当真了，但黄药师却只是随便说说而已。张学友饰演的是洪七，他就想多挣点钱，然后和妻子浪迹天涯。

在电影里，每个人都有各自的想法和目标，但每个人都没有明确的精神归宿，因为整个电影的场景都是大漠孤烟的感觉，看似很开阔但人很漂泊，看起来很唯美但其实每个人都很孤独。王家卫的电影特别擅长运用的手法是，两个人对话时镜头只对准一个，所以每个人说话就像独白一样，《花样年华》也是如此。他刻画人的内心感受的能力特别强，把人的孤独感、内心矛盾的情绪表现得非常到位。我想《东邪西毒》可能是以古风的方式刻画了一种现代人失去精神家园的漂泊状态，这也是我这里所理解的“漂浮的自我”。

既然人是漂浮的自我，有困惑，那么怎么看待这种困惑呢？困惑不是坏事，是人总会有困惑。

首先，困惑跟思考有关。就像有人说，是做幸福的猪还是痛苦的哲学家呢？其实，想做猪也做不了，猪是那么容易做的吗？人都有思想，只要一思想，人就会困惑，因为多数人都不是圣人，都会遇到麻烦。我记得我上大学一年级时买了一本周国平的书，他说的一句话我现在印象依然很深，他说：

“在这个没有上帝的世界上，谁敢说已经贯通一切歧路和绝境，因而不再困惑也不再寻找。我将永远困惑，也将永远寻找，困惑是我的诚实，寻找是我的勇敢。”人承认自己有困惑，需要某种答案，也需要别人的帮助，这是一种诚实，不是什么坏事。

其次，困惑与理想有关。其实，每个人都希望成才，希望成功，希望快乐，但你追求的目标越高，你会发现困惑越多。我们困惑，可能不是因为没有理想，而是理想还停留在观念中，不知道如何在实践中去实现它。

再次，困惑与幸福也有关。处在磨难中的人，会想方设法克服磨难；而处在幸福中的人，一点风吹草动，都会感到不安。一个饥肠辘辘的人，满脑子都被获得食物的念头占据；只有整天享受山珍海味的人，才会为明天吃什么而苦恼。大家现在都算是狭义上的幸福的一代，但矛盾的是，因为你幸福，所以你焦虑。还有些麻烦的是，肚子里是“山珍海味”，而精神世界常常“饥肠辘辘”。

四、自我的土壤

我们可以从四个方面，在比较的意义上理解“自我的土壤”。

一是“真实地生活”对“虚幻地生活”。什么是虚幻的生活？是完全靠自己头脑里的观念、书本上的东西想问题，或者可能通过来自互联网的信息看待事物，而对真实的社会生活、人际交往、社会关系缺乏了解和参与，于是人就会变得虚幻，就会“飘”起来。在这个时候，需要真实地观察、体验生活，尤其是和其他人交往。或者说，需要一种“脚踏实地”的态度。脚踏实地的意义，在于不执着于抽象的观念。社会学理论中有个词叫“抽象的个人主义”，就是观念上知道个人的自由、权利，甚至深信不疑，但是在和别人相处时，却执着于自己的一己观念甚至一己私利，而无法理性平和地与人交往合作。如果每个人都坚持自己的看法和自由，不管别人怎么想，那就麻烦了，这种自由还只是一种观念上的自由，它缺少社会现实的根基，用我们今天的话说，缺少一种“土壤”。如果没有“土壤”，人的抽象观念越强，可能感到越痛苦，观念的危害也越大。

二是“合群地生活”对“孤立地生活”。我国近代思想家严复先生将英国社会学家赫伯特·斯宾塞的著作《社会学研究》（The Study of Sociology）译为《群学肄言》，将社会学译为群学，是借鉴了荀子“君子者，善群也”

的说法。那么，什么是合群？不是每天在教室里人多就是合群，而是彼此不断交往、合作，有了冲突学会如何化解；不是坚持己见，而是相互理解和谦让。有时，想要分清对错不是那么容易的，更多是寻求一个平衡，那么怎么实现这个平衡，要通过群体生活去实现。道理懂得再多，如果没有实际的参与，在交往的过程中也会碰壁。比如我个人在学校组织了一个私人的读书会，有十几个人，假如一个同学经常请假不来，他自己都会不好意思，会觉得对集体氛围有影响，因为大家都是互相激励和配合的。没有这种活动，大家也都知道一些道理，例如眼前利益服从长远利益、局部利益服从整体利益，但能不能做到，需要在真实的生活中检验。

三是“包容地生活”对“唯我地生活”。什么叫包容的生活？就是遇到事先反思自己。孟子说：“仁者如射，射者正己而后发。”射箭先端正姿势再射出去，射不准怎么办呢？“不怨胜己者，反求诸己而已矣。”你射箭射得不好，不能怨别人比你射得好，得反思自己为什么做得不好。当凡事反思自己的时候，就不会总是埋怨别人，埋怨别人，整个世界都对不起你，人就会执着于自我，就会很难受。所以有人说：“别人拿你当回事，不要太拿自己当回事；别人不拿你当回事，你要拿自己当回事。不拿自己当回事，你办不成事；太拿自己当回事，你要坏事。”总之，不要太执着于自己，遇事不要太较真儿。

四是“反思地生活”对“固执地生活”。比较容易做的是，反思自己的生活经验。比如，大家现在入学几个月，可以每天或每周总结一下，想做的事有没有完成，做得对不对，有没有关心我们的朋友和家人。苏格拉底说：“未经省察的人生没有价值。”不总结自己的过去、不反思自己，就没什么意义。《论语》中曾子说，“吾日三省吾身”，每天多次反省自己，“为人谋而不忠乎”，为别人办事有没有尽心尽力；“与朋友交而不信乎”，与朋友交往有没有诚信；“传不习乎”，老师教的东西有没有温习（或运用）。孔子也说：“古之学者为己，今之学者为人。”古代的学者都在修身，从自己出发，一切的学习都为了让自己更有道德、更高尚、更有境界。现在的学者注重他人的评价，注重身外的名利。人要“以己为中心”，不是说要成为利己主义的人，而是凡事对自己要求高一点，从自己的角度反思问题，甚至是批判自己，这个做起来是很难的，因其难而更显得可贵。

五、土壤的培育

那么，怎么去真实地生活，将自我植根于丰厚的土壤里？这里有几条建议，算是和大家共勉，各位同学不妨尝试一下。

首先，努力理解父母（真实）。我们经常用一句话就把我们和父母的差异概括了——我们有代沟。那么有代沟怎么办呢？是因为他们年龄大就代表旧时代，我们年轻就更前卫更进步吗？可能不这么简单。

举了个例子，我父亲是农民，今年61岁了，他文化程度不高，也没有什么特殊技能，在生活中还延续了很多在农村时的观念和习惯。我父亲有些做法，一开始我是不接受的，比如他在和邻居聊天时，会把家里很多事都说出去，很多邻居都知道我在哪儿工作，每月挣多少钱，孩子多大了。按照现在年轻人的观念，这可能是把自家隐私泄露出去了。但后来我发现，这其实对我也没什么影响。为什么呢？我头脑中有很多学校和书本上学来的观念，我常用这些观念去看我父亲的行为，会发现有些冲突，但实际上是我想得太多了，生活没有那么危险，很多人也对你所谓的“隐私”不感兴趣。

以大城市的标准看，我父亲的一些生活习惯和处事方法可能是很“土”很“落后”的，但有些事让我对我父亲刮目相看。2017年春节放假期间，我爱人身体不舒服需要去医院，但是春节期间挂不上号，我父亲认识一个小伙在某医院工作，问能不能帮挂个号，对方很爽快地说你明天来吧，号已经给你挂好了。这时候，我觉得我父亲还挺厉害。后来才知道，这个小伙曾经和我们住同一个小区，我父亲帮助过他，给他联系到一个保姆照顾他患病的父亲。小伙对我父亲的帮助很感谢，为人也很爽快，于是很热情地帮我们在医院挂号。此外，在我们住的小区里，有邻居家姑娘快40岁了还单身，父母很着急，希望我父亲给介绍对象，因为我父亲在小区里人缘特别好，和很多邻居说得来。一开始我觉得父亲哪有那么多资源帮人家介绍对象，但没想到他还真多方打听了情况，且不说成功与否，起码他对别人托付他的事，都尽心竭力去做，这一点我是非常佩服他的。

当我们与父辈有意见和分歧时，要尝试思考他们为什么这么想问题，可能有些方面你不太理解，觉得老土，但站在他们的角度看问题，会发现无所谓谁对谁错，因为不同观念都有其来由，不是谁故意为之。那么，当你试图理解他们时，会觉得更容易沟通。大家可以看一本书，就是梁漱溟先生的

《中国文化要义》，他对中国人的家的观念和伦理阐述得很清楚。

其次，参与集体活动（合群）。就我个人的经验，总是有些同学不太愿意参与集体活动，常常借故请假，有时原因很简单——“我没时间”或“我不感兴趣”。我想说，其实我们和身边的同学、老师的每一次交往都很有意义，我把它称为“社会感”形成的过程。上大学除了获得知识和学位外，更重要的社会意义是，大学生活塑造了我们对社会的依恋，而这是我们日后人生道路的重要基础。像我们过来人，就特别清楚大学同学感情特别深，你以后可能很难再遇到这种感情了。

那么，社会为什么能让我们对它有依恋感，因为社会具有某种神圣性。怎么理解这种神圣性呢？比如说，大家看升国旗时会有起鸡皮疙瘩的感觉，因为这种仪式从小就接触过无数次。这种神圣性，必须经过长期的集体生活、仪式的接触才会形成。再比如说，中国传统婚礼中的拜天地，也是神圣的，结婚不只是两个人的事，而是和天地有关。西方婚礼中的宗教仪式也是如此，人是上帝的孩子，结婚是经过庄严承诺的，具有神圣性。神圣性不能靠简单的三言两语就打发了，得有仪式，比如开学典礼、毕业晚会等。这种仪式都在塑造人和群体间的相互嵌入，塑造人的社会依恋。所以说，参与集体活动非常重要，不要过离群索居的生活。

再次，接触不同人群（包容）。要培养我们的包容之心，道理上我们也许都清楚，各色人群都要去理解和接触，但行动上可能没那么容易做到。比如说，我们身边有很多服务人员，大家不妨尝试一下，找教学楼的保洁阿姨或食堂师傅聊聊天，假如说我们觉得自己和这些人差别太大，不愿意和他们说话，那也许该反思一下：自己是不是太关注一己的好恶和喜怒哀乐，而对很多不同的人的处境漠不关心。如果觉得自己太了不起而孤芳自赏，渐渐也就变成了一个视野和心胸狭隘的人。

在我看来，真正的社会学会传递一个重要的道理：不要总把自己当作一个学者或教授，而是做一个普通老百姓，对待一般老百姓时不要试图传经送宝，而要通过百姓的生活和经验修正我们自己。人们现在为什么把“公知”当成一个贬义词，其中一个原因是，一些人声称自己代表民众的利益，但其实对民众的生活一点都不了解，完全是站在道德制高点上靠自己的一套理论去说三道四。当我们能真切地包容各色人等时，也就能很平和地与人相处。我们要通过他人看待自己，而不是用一个有色眼镜来看待别人。

最后，阅读经典著作（反思）。阅读会带来反思。我们的很多行为方式，有的来自经验积累，有的来自家庭和学校教育，还有的来自阅读。经典著作，常读常新，当人带着不同的体验去读书时，就会有不同的感受。比如，这学期我和学生读《论语》，每周细读一篇，打算用两学期读完。大家发现，与中小学时学《论语》几则时很不一样，会有很多新的感受。小时候读《论语》主要是为了完成背诵的任务，但并不太理解其中的意思，理解了大体意思，也未必有真切的体验。现在，读《论语》似乎能很真实地看到孔子是如何教学生的，如对子路和颜回的方法不一样，子路比较鲁莽就让他温和点，子贡心机比较重乐于赚钱就让他多读点书加强道德修养。孔子周游列国，遍尝辛苦又不断碰壁，却始终坚持自己的思想，使人感受到一种温和又坚忍的形象，这我们能做到吗？

我给我们系的读书会写了四句话："以经典阅读省思人生，以专业视角洞察社会，以交流讨论活跃思维，以集体活动践行群学。"英语"社会学"（sociology）词根意思就是伙伴关系，只有经常性地开展活动，彼此交往交流才会有群体感，才算在实践社会学。经典阅读加群体活动，能够将思想性、反思性和社会性结合起来。

有这样三句话，来自我之前写的一篇小文《读书与恋爱》，想跟大家分享：

> 读书与恋爱，极似点有三：常有精神享受，意会胜于言传，兴趣责任并重。
>
> 读书、恋爱之大敌是心有不专，朝三暮四或左顾右盼。结果，自觉不喜欢，原是不认真；以为无意义，实为未用心。
>
> 喜爱一本书，如同深恋一个人，读与被读之间，心意相通为上。

真正沉浸在一本书中，会有很美妙的感觉，这种感觉可能是无数次快餐式的旅游所无法带来的。

六、推荐一本书

先介绍一下作者，林耀华先生，中国著名的社会学家，也是民族学家、人类学家，和前面提到费孝通先生是同学。他们的老师是当年燕京大学的吴文藻先生，也就是著名作家冰心的丈夫。林耀华先生 1910 年出生，2000 年去世，在燕京大学获得硕士学位，在哈佛大学获得博士学位，后来在中央民族大学任教直至去世。

这本书叫《金翼——中国家族制度的社会学研究》（新译本副标题是“一个中国家族的史记”）。金翼是一个村庄，地形长得像鸡的翅膀，所以叫金翼。这本书是小说体著作，写的是这个村庄的家族制度和社会关系的变迁。作者写了黄、张两个家族，两个家族的主要人物是张芬洲和黄东林，芬洲是东林的姐夫。两家的家境本来相差不多，但是黄家兴旺发达，张家则沦落至破产。其间，经历过抗日战争、解放战争和家庭成员的病故等世事人情的变化。

这本书的特点是以作者的亲身经历写的，每一章都是从不同的侧面谈家族的故事，基本没有概念铺陈。其中有三段话大体代表了这本书的核心意思。

第一段话说：“我们日常交往的圈子就好比一个由竹竿构成的保持微妙平衡的网络，用橡皮带紧紧地绑在一起。当太用力地拉动其中一条带子以至其断裂时，整个网络就会混乱崩溃。”这个网络可以是家人、生意伙伴、同学或老师。

第二句话说：“如果说命运是我们的关系之网，它施加于我们的牵引，就像橡皮带之于硬竹竿的牵引，那么其中必然存在着某种平衡。如果网络是为了保持这种平衡，一个点上的拉力必定由另一个点上的紧绷来抵消。”就是说，都紧绷是不行的，要平衡。这方面我感受特别深，就是邻居家的婆媳关系。如果双方都强的话，家庭关系肯定有问题，要么媳妇让一步，要么婆婆让一步。现在比较流行女性主义，其实也有问题，夫妻双方怎么和谐怎么来，千万不要太抽象地主张男女平等，在一定意义上男强女弱或男弱女强，只要双方感到合适就行。平等往往是观念中存在的，实际上很难在一个家庭中找到真正的平等，所以刚才我们说土壤不在头脑里而在真实的生活里。

第三句话是，“现在，我们将老天爷理解为人本身，而将命运理解为人类社会。”我想，这是中国文化和伦理中特别值得细品的东西。什么是你的“命”呢？是老天爷和上帝吗？其实就是你身边的人，尤其是家庭成员，无论是帮助你的还是伤害你的。所以，当我们说老天爷或命的时候，最多是缓解我们内心的焦虑而已，比如我父亲经常在碰到不好的事情时说“这是命”，但实际上发挥作用的是关系网络，这可能跟西方社会不一样。西方往往强调独立的个体，中国人则都处在关系网络当中。刚提到的梁漱溟先生，曾说中国是伦理本位社会，伦就是成对的关系，传统上的五伦：君臣、父子、兄弟、夫妇、朋友，一定是成对的关系才称为伦。这个“关系”非常重要，很难分清谁是独立的个体，这是中国人的特点。当我们强调个人的独立、自由、平等等所谓的现代观念时，要思考它们是否能在中国扎下根，又和中国人传统的思维和行为方式有怎样的不同之处。

我们做一个总结。我们所说的“自我的土壤”，存在于对社会生活的真切感受、体验和参与之中，存在于我们与自己的社会网络的调适和平衡当中，也存在于观念和生活世界的互动之中。观念和生活要互相检验，用厚重的传统和丰富的现实去修正我们自身，而不是用我们的抽象观念对抗传统和现实。

当教师这些年，我总结出一句话：至简思维，日常功夫。所谓至简思维，就是把事情想得简单点。这想法来自于给学生讲《中国社会思想史》时品读老子的思想，老子说“为学日益，为道日损”，学习知识就像加法，体悟道是做减法，名利、欲望做减法时，道就凸显出来，名利欲望越多，人越迷茫。对于大一的同学来说，不要总想你的未来是什么，而是思考你的当下是什么，当下是个学生，就要认真上课、读书、完成作业。对教师来说，就要多和学生接触，为学生做些事，多理解学生。这样想的时候会更清楚，不会太纠结。但光有思维还不行，还需要点滴的日常实践。所谓日常功夫，就是不要想得太远，做好眼前事，我想“人有远虑，必有近忧”，想太多而没去做，也想不清楚。

最后，送给大家一句话，这句话是我1996年上高中时，开学第一天班主任老师送给我们的，出自泰戈尔的《采果集》：“我抛弃所有的忧伤和疑虑，去追逐那无家的潮水，因为有永恒的异乡人在召唤，他正沿着这条路走来。”当时“不明觉厉”——不明白什么意思只觉得很厉害，现在似乎领会到了，“无家的潮水”我理解就像我们所处的环境，它总是变动不居。那么“异乡人”是谁呢，我想就是我们自己。我们在寻找自己，找的时候没在“家”，就像离开家乡便怀念家乡一样，我们希望找到一个非常稳固的、平静的、充实的自己，找到后还会重新寻找，就像潮水一样周而复始，那个自己总在召唤我们，我们要不断地出发、不断地寻找。在找的时候不要太迷茫，要植根于现实的土壤，抛弃忧伤和疑虑并充满信心。所以，这句话虽然是文学意义上的诗，但可以理解为表达了现代人的处境。

我的演讲到此也结束了，谢谢大家的倾听。祝各位同学学习快乐、学业有成！

谢谢大家！

现场老师点评：

老师 1（柴老师）：其实之前我是很善于总结的，但因为今天的听讲是一边看 PPT，一边回忆自己的人生，我其实经历了一个非常透彻的自我反省，所以我觉得这个总结非常难。我总结两个非常浅显的：第一个我觉得他把我求学之间或者开学以来跟同学们相互交流过程中体会到的困惑、彷徨和没有自我的感觉等，用大家乐于接受和易于理解的语言，系统地给解释了，层次非常清楚，给我们很透彻的洗礼。第二点就是王老师站在讲台上已经能把大家内心的浮躁感降到最低，从他的语速中就能看出，我的语速是比较焦虑和急躁的，本来觉得自己还挺会做学生工作的，但比较起来还相差很多，王老师能有节奏地带领大家思考和反省。我们通过自己过去的经验、前人的分析、王老师的讲解，增加对自己的认识，我想在我们专业性学校是非常难得的体会。我在大学很多年，却第一次听这样的讲座，我就在想，如果我读大一时甚至研一、博一时听到这样的讲座，会更有利于对以后人生的把握，会更加有利于避免我在无关紧要的地方分散和消耗注意力，会对我自己有很清晰的定位，会觉得很安适，这样的环境其实就是大的土壤。在大学，老师只能给土壤松松土，至于种子长得好坏，全靠自己的体会，师傅领进门修行在个人。

老师 2（李老师）：我觉得我想的还没有各位那么深，因为刚才听的时候自己内心可能相对平淡点，刚才王老师说的那些我都经历过，毕竟是经历过的，所以觉得还行还可以接受，但是我觉得我理解得还不够透彻，如果方便的话王老师是不是可以把 PPT 借我看一下。另外，还是非常感谢两位老师，柴老师和王老师，这两次讲座的内容不一样，每一次都有很深的体验，让我想到我在高中大学时候的那种感受。我是吉林大学毕业的，综合性大学会有各种各样的讲座和活动，咱们学校可能缺失的就是这个，所以非常感谢给我们这个机会，我感觉这些离我很遥远了，今天一看又回来了。2016 年 3 月份我来良乡校区时发现很多讲座都听不到了，有种没办法的感觉，但实际上我们这边可能会越来越好。像柴老师这样优秀的老师我们学校也是有的，无非是怎么调动起来。另外一个感觉就是读书的问题，自从做了行政后就想读书，但没有时间读书，包里每天都放了本书，坐班车的时候可以看会儿，其实只要挤时间还是有时间看书的，甭管读了多少，都会有感触。有一个关于苏东坡的故事跟大家分享一下，他的诗词写得很好，他有一个朋友晚上不睡觉都要读他的诗词，然后他朋友的妻子就说，你那么喜欢苏东坡就把我休了吧，结果他真的写了封休书。我想说的是，人家读书痴狂到这种程度。大家多听听王老师的建议，他说的一些东西很有道理，以后有机会我们再分享。

老师3：刚听李老师说听讲座过程中比较平静，我觉得我还是比较激动的，因为我比他年轻，开个玩笑。首先还是感谢王老师远道而来给我们带来的视听盛宴，我觉得整个讲座给我的感觉就是，王老师用社会学这种高大上的学问，用很接地气的方式去引导我们思考，指导我们的生活。回顾我自己的经历，有三点感受：第一个是寻找自我的土壤，需要接受真实的自我、真实的他人和真实的社会，在这个基础上才能在社会中寻找到和谐的自我，如果用我们中医药的思维来讲，跟天人合一的思维是一致的，这才是一个很接地气双脚落地很真实的自我的存在。第二点是听了王老师讲座后让我更加自我激励，我们应该用更开阔的心态和思维去看待自己、他人和世界。第三点是，我们的生活中不可能没有痛点，当我们纠结于痛点时我们不妨跳出来，用另一个积极的视角去看待它，可能就会迎刃而解，带给我们学习、生活和人生的会是更多的美好。因为我今天中午要做一个明天中药学专业认证的初访的准备，所以组织了一个学生座谈会，不瞒大家，学生座谈会抽调的都是比较优秀的学生，但我们在之前也要做一些小小的培训和交流。在这个过程中，我让大家分享一下满意或不满意的地方，有一个同学就提出了一个问题，说我们现在所处的良乡校区相对比较闭塞，所以我们期待和周围的学校进行交流，学校能不能给我们提供这样一个机会。当时我就在思考一个问题，比如说我们现在举行一个北工商和北中医大一学生的联谊，试问有多少学生能够参加，可能跟我的预期差很多，说我要学习我要谈恋爱等各种理由。当时我就说我们能不能换一种思考方式，我想问，你有这样的目的和动机你采取了什么样的行动，也就是王老师说的我们要积极去实践，不要被客观存在的困难束缚了手脚。然后我就说，你尝试一下我的方法，虽然你期待学校去组织这种大规模的活动，在时间和设置上与你想象的有点远，那你有没有尝试过从你的小范围内做起，你先设置一个方案，准备去怎样交流，遇到困难的时候再来找我、柴老师或者学院，你的尝试不就 OK 了嘛。如果这样去思考的话，事情往往进展比较顺利，人生也会比较幸福。

与大一新生谈：困惑与成长①

问题1：既然大学是培养完整的人而不是专家，那么上研究生有必要吗？我之前觉得读完本科找不到工作，所以就去读研，那么我这种想法是不是有点狭隘？

回答：首先回答，考研究生是有必要的，这是追求进步的一种体现。我们说大学塑造整全意义上的人，是说在大学阶段我们主要不是培养专家，而是培养最基础的能力、视野、思考问题的方式。在大学期间，不要让一个人太专业化，哲学、历史、文学、政治、经济等都应该有所涉猎，这样我们的思维才会打开，如果没有这个过程而成为一个专家，可能会越走越窄，丧失持久的动力和可能性。但如果有本科的扎实基础和宽阔视野再读研究生，我们的想象力、对学问以及对学问价值的理解可能都不一样。现在我们说要推行通识教育，不是说选修课多就是通识教育，而是我们要理解最基础的问题，比如人性、正义、幸福和家庭等。

问题2：我可不可以理解为，您的意思是在大学时如果能多方面了解自己、视野开阔，读研时就能深入。

回答：是的，我觉得大学虽然是大家经过十几年教育进入的阶段，但就大学人才培养而言，大家头脑中还有很多空白是可以画更好的画的，所以我们接触得越多，我们的画板面积就越大，颜色就越丰富。即便研究生阶段的研究相对更窄，但你的根基已经比较深了，所以本科的广博与研究生的精专是不矛盾的。每个人的理解可能不一样，但读研究生最起码不是一件坏事，尤其在北京这个竞争激烈的地方，学历是人才筛选的标准，还是社会声望的

① 本文是前一篇演讲的续篇，是演讲后对学生提问的回应，因篇幅较长，遂独立成文。

符号，甚至学历不一样可能对谈恋爱、结婚等都有影响。

问题3：那您觉得我们这种专业性的学校如何拓宽视野？

回答：我觉得是三个词：多读书、多交朋友、多参与活动。多读书是理性层面的，读很多经典，大师们想的就是不一样的，经过古今无数个优秀头脑检验的书，阅读价值是没问题的；多交朋友，是因为大家知道的都不一样，交流对自己会有影响和弥补；多参与活动，人的很多想法和感受来自实际的参与，尤其是群体活动，就像我们老师做课题写文章一样，一边做一边写一边交流，想法就出来了，所以实际参与过程很重要。

问题4：但是有些活动觉得没有意义且浪费时间，这种要参与吗？

回答：我觉得对于大一学生而言，不要过多对事情的好坏以及是否有意义进行判断，先去尝试，可能对有些活动了解不够深或参与不够多，会没有获得感，不妨先耐住性子再体验一下，不要太急于判断这个活动带给我怎样的好处，而是体会每一次参与带来的收获，包括对他人身上优点的学习，我觉得还是尽量多参与一些。

问题5：还有至简思维的"简"应该如何理解？比如如果做PPT仅仅是黑白的就不太好，那怎么理解这个"至简"。

回答：做PPT即便是白底黑字，但如果讲得特别好，那就是有价值的，往往吸引力不够强才会做得花哨些。现在我给研究生上课是不做PPT的，我的理想就是一根粉笔加一份讲稿，尽量去吸引学生，因为与学生的交流是最真切的，他们看着你，你也看着他们。有时，PPT在老师头脑"断弦"或想偷个懒时发挥作用，当老师说"大家先看一下上面的文字吧"可能是他需要调整一下思路。我觉得最核心的是主讲者而不是PPT，这个"简"也不是简单，而是尽量去除些无关紧要的想法尤其是狭隘的利益。个人性情的呈现可能是最重要的，而不是形式上的繁简程度。

问题6：我想问一下，在现在这个社会环境中，对于西医的关注度和信任度都远超于中医，那么在这种情况下我们除了调整自己的心理，对中医有信心以外，我们应该怎样去改变这种社会环境？

回答：我想这个话题和我们专业的一些话题也有些相似，我们专业的研究有很强的美国化倾向，写论文很八股，但在如何处理本土资源、传统做学问的方式，包括中国传统师生的相处方式方面，可能面临冲突。大家这个年龄都特别有激情，想改变社会改变整个中国，但到我们这个年龄会发现，人能改变的事其实很少也很小，所以尽量先改变自己然后再改变我们身边的人，影响一个人是一个人，而且如果对方不接受也没必要埋怨对方，毕竟每个人都有自己的想法。我们尽自己之所能，用我们认为比较合理的想法影响别人，这就可以了。就像我们当老师的带学生一样，可能若干年后一个班三十几个人，只有一两个人在他结婚或升职时给你发来信息，你会觉得特别幸福，会觉得很多事做的是值得的，仅此而已。因为每个人都很多元，想改变很多人其实非常困难，所以我觉得还是日常下功夫，从点滴做起。

问题7：您最后说的“简单”的思想会影响您的性格吗？

回答：我想应该是吧，因为我们每个人毕竟不是革命家，不会做翻天覆地的事，可能都是从点滴做起，我想这也是我们中国老百姓最值得学习的一面，就是把本职工作做彻底。我想我父母就是这样，他们做很多事都特别认真，我有时觉得他们是“愚”，但后来发现自己也在潜移默化中受他们的影响。再有，我想补充一点比较深的感受，我们对中医有没有信心或者说中医有没有意义，和我们日常的学习和体验直接相关。如果说，中医不是我的身外之物，我觉得我的日常生活、思考和体验都和中医有关系，那么学中医本身就是我个人成长的一部分，这个时候我们会觉得这个专业特别有意思。学社会学也是如此，我觉得社会学不在于某一个理论和方法，而是每天把社会学的精神贯通下来、贯穿下去，当它是你生活的一部分，你就不会总把它当作身外之物来看待。我想这个可能是每个专业的人都会面临的问题，当它与生命无关时，就是一个身外之物。很多事表面上与中医没关系，但精神可能是相通的，例如如何看待事业的成败，我们自身健康与否，如何调整作息时间等，我个人的理解就是追求一种“平衡”，追求“和”。在这个意义上，中医就是一种生活方式，甚至是一种人生态度。当然，我是外行，不是在现代科学的意义上理解中医的。

问题8：因为在高中时环境是很小的，基本上都是三点一线的生活，但上大学后环境相对大，高中跟别人对比时还没有别人比自己好很多的感觉，但上大学后会觉得身边的人都很优秀，觉得自己是不是太差了，那么应该怎样对自己进行心理建设，怎样更快适应大学生活？

回答：因为这个问题很普遍也很核心，所以我想也最难回答。我想其实大家可以这样想问题，现在大家都十八岁左右，过去十八年是没有太多的道路供你选择的，我们生活的地方或者就读的学校，我们没法选择，所以我们现在什么样主要是被塑造的。反观过去十几年的生活，我们是什么样不是我们个人能决定的。比如说，家庭环境好一点有更多的机会去培养一些技能，家庭环境普通的话，可能就是一个普通的学生，这都是过去的事。所以现在怎么样已经不重要且难以改变了，我们要做的是面向未来，从现在开始，我们也有更多的机会去塑造自己了。

再一个，大家现在总是通过别人来看自己，但实际上，比如就你或者你认为优秀的同学而言，可能别人也没有给予那么多关注。一个在晚会舞台表演的同学，虽然他在舞台上跳了几次舞，唱了几首歌，但大家也未必真把他当明星一样看待，只是我们常拿自己跟他人比较，实际上很多差距是想象的，并不是明显的事实。再一个层面就是，假如我们觉得这样比较有落差的话，还是想得简单点，想得再多也没有意义，我当前怎样把我能做的事做好就行了，比如我没什么才艺，口才也一般，但我把日常的事做好，我把课业、读书完成好，和室友关系处理很好，经常关心一下父母，跟他们聊聊天，对以往的同学朋友常问候一下，这些无数的细小的事才见一个人的真性情。舞台的光鲜也好，口才的卓越也好，对这个人的长远发展未必有决定性意义，真正有决定性意义的还是日常，还是你的人品，这也是我若干年来比较深切的感受。比如说，你歌唱得再好，舞姿再优美，还是涉及与人相处，怎样让别人给你机会去展示自己；如果没有让人感到舒服的人际沟通，再多的才艺可能都不会被人发现和重视。所以，我觉得中国传统的很多优秀文人特别厉害，就是特别注重修身在日常，这可能是最根本的。

问题9：电影《昨天》是说一个人到达一定的顶峰后突然感到迷茫，那他所处的状态是有责任有负担还是没有负担？第二个是我们刚从中学的“牢笼”中逃脱出来，那么如何在大学这种比较自由的情况下寻找到自己的方向？

回答：你的意思是说，《昨天》里贾宏声的问题，不是普通人的迷茫，而是达到了巅峰后的问题。我想，他所反映的问题是，他在达到巅峰之前的根基可能就不是很牢固，这可能是他的家庭带来的，也可能是他离开家庭后的生活环境带来的。我觉得这个影片所反映的问题是时代变迁带来的，伦理关系也好，社会环境也好，总之是变动不居的，没有一个稳定的纽带和社会关系，才会出现最后的问题。所以我觉得，即便是巅峰后出现的问题，也很可能是因为最初的自我调节能力和社会感没有真正建立起来。

至于第二个问题，我们很多人的迷茫，恰恰是因为太用观念想问题。为什么这么说呢？大家对大学的了解很多都是想象式的，高中对大学的理解都是象牙塔，人们激情飞扬，有很多思想可以表达，但实际上大学不是想象中那样美好，像比较琐碎的填表、大量的学生工作，不是像听一首舒缓的歌曲那样美好。所以，我们现在迷茫，可能是当时想得太美好，而如果对大学比较现实的一面有更多了解和心理准备，就会更容易接受当前的处境。另外，当前的体验跟大家的年龄段有关，大家毕竟是在家庭和父母长期的呵护下成长起来的，还没有太多的比较辛苦的体验，从高中到大学是一个过渡期，有很多的迷茫不是因为环境多么差，而是一旦环境发生变化时就容易有迷茫感，这不是环境好坏的问题，而是环境变与不变的问题。在这个变动期，很多同学比较迷茫，往往大二之后就慢慢好了，所以我觉得大家不要心急，也不必想得太远，过好每天的生活就可以了。

问题10：当一个人有职位和责任担当时，就相当于背负压力，他会按此方向走下去，然后当那座山移开后就像您说的是漂浮的，完全失去了方向。所以我想问的是，职责是让我们往一个方向走，还是加重了自我迷失？

回答：这可能不是职位和责任大小的问题。我的意思是，当人有一定的负担、缺少选择的余地，比如父母、老师或者领导要求我们怎样去做，或者人在信仰和信念层面有很强的精神纽带，比如信仰上帝或某个神，靠外力支撑自己的信念，这时人可能不会太迷茫。但是，当这种“负担”和信念抽离，我们靠自己做选择时，可能就会迷茫，因为选择需要比较权衡，还要承担后果和风险，这个时候人也会焦虑。

问题11：当我们处在一个特定的环境时，该如何认识自己？

回答：这个“认识你自己”的问题很难回答，大家不妨进行几种尝试，其中一种是写日记。不一定每天都写，可以把你的想法记录下来，一段时间后回顾一下以前发生的事和过去的心情，你会发现过去有个这样的你，现在的心情和观点又有了变化，于是会有一个前后对比，有这个对比，可能会感知自己前后不同的形象。另外，我们好像都想通过与别人的接触获知别人对自己的态度，那么当接触不同的人，善于帮助别人和寻求别人的帮助，而且别人也很乐于善意地对待我们时，我们会感到一种被别人关爱和信任的感觉，这也会有助于我们认识自己。再一个，读书也有助于认识自己，读书虽然是一件孤独的事，但你会发现有一些人的观点能说到你心坎里去，哪怕读两千年前孔子的一句话，也会感到他的一句话戳中了你的心坎，你发现两千年前的人都能理解你，这时人的体验和自我感觉是很美好的。

这个学期我给学生讲社会理论课，读卢梭的书《论人与人之间不平等的起因和基础》，有同学们说自己内心突然被卢梭戳中了，好像找到了知音的感觉。读书常常是跟大师交流，大师曾经也是一个活生生的人啊！通过他的观点，他对人性的剖析，他的人生经历，我们能找到一个参照来认识自己。所以，我觉得有不同的路径，大家可以去尝试。还是那句话，大家不要太心急，人没有一个“本质”，大家都在变化。我们会发现，再过几个月反观现在，心态可能都不一样。所以，认不清自己，觉得很迷茫，恰恰是你的可能性。如果现在你的本质确定了，明确知道未来你要干什么、若干年后能达到什么程度，那生活就索然无味了。有迷茫有焦虑才需要去探索，才会有无限可能性。当下的事踏实地去做了，对自我的认识也会逐渐明朗起来。

问题 12：我观察到，刚刚那些问题是关于迷茫和焦虑的，我觉得这些问题实际上来自心理的落差，就是之前认为高中可能不如大学，因为高中处于“枷锁”之中，而来大学之后发现可能来到了一个更大的“牢笼”。这一切都来源于“欺骗”，因为家长从小教育我们“上了大学后就轻松了”。我觉得这句话是毁了一代又一代人，更希望家长告诉我上大学有更大的挑战在等待着你，那么您是怎么看待这句话的？

回答：我想借用一下卢梭的观点。卢梭在论教育时说，我们做父母的从一个婴幼儿开始培养小孩，最好的习惯就是不让这个小孩养成任何习惯：不要给他框定一个东西说这是好那是坏，而是给他更多的机会去探索，不要告诉他黑板是硬的，让他自己去摸一摸；一个小孩不论在北极的冰川还是热带雨林都能生存，因为他经历不同的环境有不同的感受，对任何环境都能坦然接受。但假如我们更多接触的都是比较好的或者别人告诉我们的东西，一旦另外的不太舒服的场景出现后，大家肯定有落差。

我再分享一个个人感受。我 2008 年入职，刚入职时作为一个“新兵”，在两三年内报了很多课题，多数都没有立项，然后大约在 2011 年时出现了持续很长时间的焦虑，可能跟在座有些同学目前的状态类似。这时，你会思考，什么东西最重要，能让你发自内心无怨无悔地去做？你就发现，课题和考核分数都带不来，一些奖励和荣誉带来的愉悦可能几分钟就没了。我们会寻找，什么能让我们最投入地去做，哪怕是别人都没在做或者别人都不认同。这个东西特别要命，或者说，一个人到了三四十岁还没有自己的判断和选择，那可能是很危险的。我跟我一个年轻同事开玩笑说，现在我们做学问的意义，已经不在于写文章和拿课题了，而在于获得一种对生活的意义感。没有这个东西的话，以后中年危机可能会特别强烈。感受自己、感受生活需要一个过程，可能有起伏和挫折，但过程很重要。我们现在做的事、读的书，会对以后的生活产生影响。所以，无论过去怎样，从现在开始摸索吧。

问题 13：寻找自我的土壤，需要在过程中寻找合适的自我，那么这个想法会不会成为一种枷锁框住我们自己，成为一种负担，压抑我们的思想和思维，可能为了寻找合适的自我而将自己改造为适合土壤的类型。这个问题如何看待？

回答：我觉得如果看成一种束缚和负担的话，那就是我们用一个标尺去寻找自我，如果没有这个标准没有这个框的话怎么会是一个束缚呢？（学生：这个标准不一样，是自己给自己定的标准）不能说都不一样，比如说我们说的话能彼此理解，有些公共秩序能够维持，说明我们是有共同的东西的。但是，还有些东西与共同的标准是有间距和有冲突的，这个时候我们不会做那种偏离秩序的人，但是我们如何和群体形成稳定和谐的关系，是需要去琢磨的。如果说成为一种负担，可能是因为想法和视野比较单一，比如读书，我们说尽信书不如无书，只要我们读的书足够多元，有自己的思考，可能就不会太狭隘。但假如每天读的都是琼瑶的小说，那么你的思想和语言肯定会受她的影响。所以说，我们头脑开放，生活空间开放，这个框可能就不存在，起码不至于成为一种严重的束缚。

问题 14：您之前说过与父母相处的平衡，他们之前的经历和思想我们并不知道，那么怎样用自己的方式与他们相处？

回答：我不知道是不是因为我做了父亲后感觉比较强烈，起码我感到自己有了一个转变。我父母是 2010 年来北京和我们一起居住的，虽然我们在我上高中之前都是一起生活，但会发现好像我对他们是有更高要求的，他们的生活方式还停留在农村老家的状态，包括卫生、说话语调和饮食习惯等。这个时候我发现，我提的要求，他们虽然也有改变，但他们五六十年形成的习惯已经根深蒂固，我们三十多岁的人是要求他们呢，还是我们也做出调整顺应他们呢？类似地，我们现在读古人的书，比如孔子的言论，无数人无数代都在遵从和重新阐发，如果我们用自己十几年的观念就把他否定和批判了，肯定是有问题的。这个时候，应该反思的是我们自己，而不是用我们这么年轻的头脑强烈地要求对方做出改变。这就是一个平衡。而且我发现，我父母的一些想法的确是在顺从我，因为他们不希望他们的生活方式让我们不舒服甚至有矛盾。他们是在顺应我们啊，那为什么我们必须要他们顺应我们而我们不顺应他们呢？想得简单点，为什么我们一定要改造他们呢，他们就一定是落后的吗？

再一个，我们说看他们是怎么成长的，其实我们每个人身上都有自己父母的影子，我们的性格都有来自父母的成分。认识自己的父母，除了自己的日常了解外，可以通过邻居和亲人说的一些事，他们对父母的评价，也听听父母说他们小的时候爷爷奶奶姥姥姥爷是怎样看待和教育他们的。比如，我父亲说：我小的时候你爷爷的家长作风是很强的，我跟别人打架，不管是谁的错，都会啪啪打我两个耳光。我父亲说，你爷爷这么打我，我觉得很疼，所以我不会再打你。他本身已经做出了改变和调整，所以你会通过他小时候的经验、他怎么调整，感知到父母的爱还是很厚重的。

大家现在这个年龄比较追求个性和独立，可能还不太容易理解。但慢慢你会理解，而且会发现，当你这么理解时，亲子关系会变得更温馨。今年刚入冬时，我们一家人在家里涮火锅，我发现涮火锅是很好的亲子互动方式，平时没有太多的话说，我们做研究的人满脑子都是抽象的概念，但老年人的生活真的是接地气的，是扎扎实实的生活，他们每天都是柴米油盐家长里短，在这个过程中你会发现家庭气氛是很温馨的。对中国人而言，家庭特别重要，我们大多数人没有西方式的宗教信仰，我们的很多信念或生活的意义，来自家庭。

问题 15：生活经验告诉我，有些真性情的人会按照自己的方式过自己的人生，不太注重别人对自己的看法，而有些人会特别注重别人对自己的看法，我想请教老师，怎么看待自我和他人眼中的自我？

回答：你提到的有些人比较有个性、率性而为，不在乎别人对自己的看法，但我想任何人都会在乎的，只是他未必承认而已。任何人都希望自己的想法被别人倾听和承认，他总不会把自己关在屋子里自说自话，只要他是有一定社会属性和社会生活参与的人，都会在乎别人的说法。如果在与人交往、待人接物上总是碰壁，惹来一身麻烦，那这种率性而为不要也罢。我们还是尽量做一个能被大家接受的人，在这个意义上接触的人多、自我反思多，人会处在一个社会秩序相对正常的层面，不会有太多的偏离。有太多偏离还能保持平静的人，可能是圣人和天才，有强大的内心，千万个人否定我我都能坚持己见，但我觉得那不是普通人的生活。

问题 16：我比较喜欢老庄哲学，但现在社会比较推崇积极追求想要的东西，就感觉完全脱离社会没办法生存，但是我又觉得这个社会不是我想要的社会，有人说你想要生存就得接受你不喜欢的东西。之前我可能认为他是对的并且也追求过，但突然会怀疑自己所追求的东西，那么我应该是适应这个社会还是去追求我所喜欢的东西？

回答：这种感受我上大学的时候也有。我上大学时，因为年轻，也因为狭隘，觉得很多事都看不惯，都不认可，比如觉得有些同学比较高傲或者炫耀自己的才艺，于是很反感，但后来你发现人家也没有太把自己当回事，而是我们认为他把自己当回事了。那么想的时候，可能恰恰是因为我们太执着于自己了。我们说世界这么大、历史这么久，我们一个个体当下只存在了十几年二十几年，世界不是为了我们而存在的，我们还是要去感受这个世界。世界就是很多元的，善恶美丑都存在，只不过我们以前把它想象得比较好或比较简单而已。所以，我们还是尽量让已有的观念像松紧带一样，不要拉得太紧，尝试去接受别人，这需要一个过程。

另外，老庄哲学也不完全和世俗构成对立，比如说庄子恰恰强调的是“齐物论”，万物皆有其存在的价值，不论是高大英俊的还是相貌普通，都有其存在的合理性。（学生：我觉得他们是有其存在的合理性，只是我觉得要在这个社会上生存，你必须得做什么工作赚多少钱，我觉得这样不太好）我觉得可以做这样一个思考，你可以去探索一下这个观念是怎么来的，是父母老师教育的还是什么，这可能是问题的根源，就是我为什么会这样看待这个环境。所以我们说，人需要面对自己和自己的过去，看看自己成长的路径、观念形成的过程，是哪些人带来的。所以，你说的情况，可能主要不是这个世界让我们不太舒服或者我们看不惯，而是以前我们所处的环境尤其是教育环境，对我们观念的影响太强了，因此我们需要不断学习，重新审视过去的想法，甚至做一些必要的转变。

问题 17：针对有同学问的，当遇到比自己优秀的人内心会焦虑的问题，因为我自己也有那样一段时间，所以我想说一下我自己的心路历程以及怎么走出来的。我觉得每一个人都有一定的人生道路，有的人走得快一点有的人走得慢，你看到的别人现在很优秀，其实她们也有你现在的这个阶段，所以我觉得只要前面有机会，你就去追求，不会觉得别人比你好你就没有存在的价值，这是我的感受。第二点，关于寻找自我的土壤，我觉得大学生活给我最大的感受是提供了我心灵成长的空间，高中时会被学习占据没有时间思考，上大学后可以多看书多思考。我觉得一个人真正的土壤就在自己的心里面，只有你内心充实，不管外界环境如何变化，你都有一个根，都有自己的内心世界。我有时候会觉得人的肉体和精神是分开的两方面，精神力量和肉体本身存在是不一样的，有可能想法比较极端。比如说，你生活在恶劣的环境中，但精神可以特别强大。所以我觉得，有时候没有必要特别在意外界环境，不管有多恶劣，但最后都会离你而去，最后留下的只有你的精神世界，所以我觉得大学生最重要的可能就是把自己的精神世界塑造得更强大点，才能扎了根往外去发展和生长。还有关于认识自我的问题，我觉得你一旦想要去认识自我时，反而会迷茫，寻找自我没有必要刻意去寻找，只要你充实好自己就会发现你已经达到自己最好的状态，找到真正的自我。

回答：我觉得说得很好，已经有哲学高度了。我想回应或补充两个方面：

首先，说得抽象点，每个人都有生命的超越性，和别人比首先是一件好事，意味着不甘于现在的状态，有更高的追求，这是人的共性。当人与人之间有差异时会有向上的动力和嫉妒之心，这也是人性中很有意思的一面。

其次，我们接触不同的人，看不同的书，经历不同的事，不仅仅是让自己变得更强大更完美，而且要认识到自己的限度。有时，不是追求更大的成功才会平和，而是接纳自己的不完美才平和。孔子说“三十而立，四十而不惑，五十而知天命”，什么叫天命呢？儒家讲“尽人事，听天命”，你尽力而为，很多事还改变不了。比如，我们希望天下无贼，但小偷始终存在。当你认识到自己的限度时，会相对平和，也能够接纳自己了，但前提是尽人事。

刚才说，我曾经有一段时间是很焦虑的，因为发现周围人才济济，而自己做得不够好，在这种情况下我处于什么位置，我怎样才能达到优秀人才的高度，但后来慢慢给自己定位，我现在的能力能做什么事，把它计划一下，把它做好，这就可以了。后来，经过一段时间，尝试放空地调整自己，什么也不想，书也不看，焦虑感突然就没有了。就像前面说的“至简思维”，把很多事放开和抛开后，感受一下内在的动力，会有意想不到的体验。刚说到，有时候和别人比我们感到焦虑，是因为设定了外在的标准和目标，我想我们可以培养一个内在的动力。这个“内在的动力”，别人告诉不了你，只能靠自己去感受，这可能是每个人独一无二的东西。

最后，简单总结一下，我们可以尝试把自己当作一个“傻瓜”——不是很笨的意思，把事情想得简单点，踏踏实实地做好眼前的工作，不过分把自己当回事。我们可能没有特殊的才艺，但能做到好好读书、认真学习，平实地与人相处。舞台上的光鲜只是生活的点缀、是短暂的，日常生活才是真正的自我的土壤。

学以为己：论作为“生活指南”的社会学

社会学作为一门“现代性的科学”，既是现代社会全方位变迁的产物，也是建构现代社会和塑造现代人的方式与资源。在现代性情境之下，社会学本身就是应对种种自我的困境的“生活指南”。社会学的重要视角是将社会行为置于真实的社会情境和过程中考虑，不轻易地以己度人、诉诸价值评判，有助于人们在观念与经验的相互修正中，培育理性、公允、包容的态度和行为。中国教育传统强调的“学以为己”，可以作为对社会学之人文性格的重要概括，对于人们洞察社会运行、提升自我修养具有借鉴意义。

一、何为社会学：在学术与生活之间

社会学的学生和从业者经常被问的一个问题是：“社会学是什么?”或者，“社会学能做什么?”回答方式可能多种多样，但往往一言难尽，也不易令问者释疑。其重要原因在于，与“家庭”“组织”“政府”等词语相比，“社会”一词常常带给人空泛之感：“社会”似乎无处不在，每个人也都活在“社会”里，但“社会”的形象却并不清晰；尤其是，当人们难以将社会学与个人日常体验联系起来时，便觉得社会学多少有些“虚幻不明”。

在学科和专业分工越来越细的情况下，“隔行如隔山”是一种常见的现象。不过，有意思的是，如果有人问“什么是分子生物学”，即便对方给出的答案并不令人满意，但问者可能也不再追问了，因为缺少相关知识积累，不知从何问起。但如果有人问“什么是社会学”，回答者被追问的可能性便比较大，因为问者会根据“社会”之“包罗万象”的特点给出自己的看法，如“社会学就是处理人际关系的”，或“社会学就是研究社会问题的”，这种理解不能说是错的，但并不是职业社会学家所理解的社会学。

就“社会学是什么”这个问题来说，提问者因为不了解才发问，所以他对应答者的说法不满意，也情有可原。这个问题之所以难以回答，可能主要在于两点：一方面，回答者希望用最简短的语言告诉对方社会学是什么，甚至背诵一下书本中的定义，如“社会学是从社会整体的视角出发，通过社会关系和社会行动来研究社会结构及其功能、社会过程及其原因和规律的社会科学”①，或“社会学是关于社会良性运行和协调发展的条件和机制的综合性具体社会科学”②，但回答越专业、定义越清楚，对方反而越不明白，因为经过思维概括的“定义”更加抽象难懂了。另一方面，也是更为关键的，回答者可能注重自己所理解的“社会学”是什么，并结合个人经历和体验进行回答，而没有顾及提问者的特点和意图，致使对方因为未能感同身受，便觉得给出的答案不易理解。

日常经验告诉我们，人们都有一种“我生活在社会里”的感受，但每个人感觉生活在“什么样的社会”，则不一定相同，也就是说，不同人理解的“社会”并不是一回事。于是，回答者理解的“社会”与提问者的理解存在差异，双方在问答之间便不容易达成共识。对回答者来说，比较关键的是要了解甚至理解提问者生活在怎样的“社会”里，包括他的家庭、家乡、工作、日常交往等；以他熟悉的“社会”为例回答“社会学是什么”，可能答案更容易被理解和接受。用现象学社会学的术语说，交往双方要进入彼此的“意识流”，甚至“个人的历史”或“生身情境”（biographical situation）中，方能实现较为真切的理解。

对于“社会学是什么”的回答，只有切中提问者的生活经验、人生感受，回答才能令人信服。其中包含的道理是，“背定义”式的回答，其实是回答者以“科学世界”回应提问者的“日常世界”，一个是科学逻辑，一个是日常生活逻辑，二者并不在一个层面上，因而不容易相互理解。最糟糕的情况是，提问者对回答者的答案不满意进而提出质疑，回答者又出于专业情感而极力驳斥，于是双方极有可能不欢而散，似乎有一种哈贝马斯所说的“系统殖民生活世界”的味道。

上文以“社会学是什么”这个问题可能引起的“麻烦”为例，意在讨论学术与生活的关系。在人文社会科学领域，学术越专家化、精致化，便越可

① 王思斌主编．社会学教程［M］．北京：北京大学出版社，2016：1.

② 郑杭生主编．社会学概论新修［M］．北京：中国人民大学出版社，2013：4.

能被束之高阁、离日常生活越来越远，这是人文社会科学学者需要警惕的。在一定程度上这是因为，人文社会科学不仅以科学认识社会，也以“神韵”影响人的感受和体验。① 说到底，社会科学是对人的研究，也是人对人的研究，必然涉及人对人、人对社会的影响。学术如果脱离了真实的生活，便成了学者孤芳自赏的“游戏”，也可能如镜花水月般空幻缥缈。

我们不妨用一对比喻——庙堂与江湖，来谈社会学的“专业化学问”与“生活化学问”的关系。所谓“庙堂”，是严肃的长篇大论的专业论著，尤其是期刊评价体系中被专业同行“认可”的论文，这是很多社会学研究者和职业社会学家为之努力的方向。所谓“江湖”，是短小灵活的随笔文章，更多的是结合日常生活表达个人的心态、对生活的感受、对社会问题的看法等。相对而言，怀庙堂之志，让人有学术的方向；而存江湖之心，使人有生活的情趣。毫无疑问，在受过社会学教育的人中，从事专门社会学研究的只是少数，对更多学习和接触过社会学的人而言，“存江湖之心”更能在社会学与日常生活之间建立关联。

总之，无论是职业社会学家，还是社会学的学习者与爱好者，如果能够通过真实的生活经历逐渐体验到社会学与日常生活的关联，便不必再被“社会学是什么”这个问题困扰，而是可以说——“我就是社会学！”“我的生活就是社会学！”更进一步说，既然社会学与日常生活关系密切，那么，接下来的问题就是，我们究竟身处怎样的“社会”和日常生活中？社会学对这样的社会和生活有怎样的指导意义？欲回答这些问题，我们需要先从人的现代性处境尤其是自我认同的困境谈起。

二、现代性与自我的困境

社会学往往被看作“现代性的科学”，关注“发达的”或“现代”社会。② 对于现代社会的变迁及其后果，吉登斯的论述具有一定的代表性。在吉登斯看来，现代性首先在后封建时期的欧洲形成，而后在20世纪成为具

---

① 叶启政．人文社会科学有神韵在，才能使人感受深切［M］．张敦福，方程煜整理．文汇报，2012－05－21.

② ［英］吉登斯．社会的构成［M］．李猛，李康，译．北京：生活·读书·新知三联书店，1998：35.

有世界和历史性影响的制度及行为模式，可以大略理解为“工业化的世界”。具体来说，现代性包括四个维度：（1）工业主义，指在生产过程中由物力和机械的大规模使用所体现的社会关系；（2）资本主义，指一种包含竞争性产品市场与劳动力商品化过程的商品生产体系；（3）监控制度，体现为针对人群的监督性控制，是组织化权力急剧增长的基础；（4）民族国家，具有领土特征和监控能力，垄断着对暴力手段的有效控制，是全球性民族国家体系的一部分。①

吉登斯试图在宏观与微观、结构与行动联结的意义上讨论现代性的后果。现代制度引发的变化与个体生活相融合，与自我认同交织在一起。“现代性是一种后传统秩序；在这种秩序中，‘我将如何去生活’这一问题只有在吃穿住行等日常生活的秩序中方能得到答案，而且只有在自我认同的不断呈现中方能得到解释。”② 根据吉登斯结构化理论，自我认同机制由现代性制度形塑，也形塑现代制度本身。现代性制度给个体带来了前所未有的机遇，例如，通信与媒介的发达，促进了人际交往和知识获取，也使人们曾经难以企及的远途旅行成为可能；人们发挥兴趣、施展才能和获得成就的方式也更加多元，眼界和想象力更加开阔。

不过，生活在晚期现代性（late modernity）的世界，在自我的层面上涉及了各种张力和艰辛，这是一种矛盾性处境，至少表现在如下四个方面：（1）统一与破碎（unification versus fragmentation）：现代自我寻求一致性身份认同，但这一过程要吸纳诸多背景性事件和传递性经验（mediated experience）；（2）无力与获取（powerless versus appropriation）：现代性生活方式在提供了诸多机遇的同时也催生了一种无力感，个体感到被外部的侵蚀力所支配而又无法反抗或超越；（3）权威与不确定性（authority versus uncertainty）：社会生活的诸多面向都不具有决定性权威，自我反思性过程处在全情投入和不确定性之间；（4）个人化经验与商品化经验（personalized versus commodified experience）：自我规划有时被理解为对某种梦寐以求商品的占有以及对

① ［英］吉登斯．现代性与自我认同［M］．夏璐，译．北京：中国人民大学出版社，2016：14－15.

② ［英］吉登斯．现代性与自我认同［M］．夏璐，译．北京：中国人民大学出版社，2016：14.

人为设计的生活方式的追求，对新潮商品的消费部分地代替了真实自我的发展。①

由于社会生活的开放性、所处场所的多元性和权威的多样性，生活方式的选择变得更加重要，例如，有关健康、饮食、外表、运动、恋爱以及其他的指南和操作手册，都体现了生活方式的选择，也是人们寻求自我认同的重要方式。吉登斯用“生活政治”（life politics）概念表达人们对生活方式的选择与权衡。生活政治是相对于解放政治（emancipatory politics）而言的。解放政治关注将个体和群体从影响其生活机遇的种种束缚中解放出来，关涉的是减少或消除剥削、不平等、压迫，把正义、平等、参与作为实现的目标。而生活政治是一种生活方式的政治，一种以反思性方式组织起来的自我实现的政治。概括来说，解放政治是生活机遇的政治，生活政治是生活方式的政治。

生活政治是关于生活决策的政治，首先涉及的是影响自我认同的决策。自我认同的叙事需要在本土性与全球性情境的交互关系中被形塑和修正，并以反思性方式加以保持。个体必须把多元化的传递性经验与本土生活、未来预期与过去经验，以合理而连贯的方式相联结。只有当个体能形成一种内在真实性时，这样的联结才得以实现。所谓内在真实性，指的是在不断变迁的社会背景下，基于对生命历程的整体性理解而形成的基本信任框架。对此，吉登斯对社会学抱以积极的态度：“社会生活已经变得分散而多元，充满了许多新的不确定因素，这时，帮助我们理解这个社会就成了社会学创造性思维的事情了。”② 可以说，在现代性的不确定性条件下，社会学就是认识社会和建构自我认同的重要依凭。

在中国的语境中，吉登斯所讨论的现代性引发的日常生活和自我认同的困境，似乎更加复杂。自晚清以降，中国社会在内忧外患中开始现代化的进程，由此“古今中西”问题，从政治经济制度到思想观念和社会心态，便长期存在并处在一轮又一轮的调整变动之中。其实，最初严复先生译介斯宾塞

---

① ［英］吉登斯．现代性与自我认同［M］．夏璐，译．北京：中国人民大学出版社，2016：177－178.

② ［英］吉登斯．为社会学辩护［M］．周红云，等译．北京：社会科学文献出版社，2003：7.

的社会学学说并名之为“群学”，便是试图据此认识中国社会的剧烈变迁并寻求富强之路，在这个意义上，社会学（群学）构成了认识现代中国处境的思想资源。如果说20世纪末西方社会学被引入中国之初主要还是精英之学或专家之学，那么在100多年后中国社会学学科建制和人才培养渐趋成熟的今天，社会学（学科、专业、学术机构、学术期刊、人才队伍、学术研究与学术活动等）已成为中国现代社会建构的重要组成部分。因此，对于认识现代中国社会和现代自我而言，社会学是一种重要的思想资源，而对于个体生活及其困境与选择而言，社会学是一种“生活指南”。

三、社会学何以是“生活指南”

社会学在诞生之初往往关注“社会”而不是“生活”，也就是说，往往关注较为宏观的工业化、城市化、政治变革、宗教变迁等问题，而对日常生活领域关注较少。符号互动论的发展在一定程度上扭转了这种局面，推动了社会学对微观问题和日常生活的研究。另外，阿尔弗雷德·舒茨（Alfred Schutz）所创立的现象学社会学，延续了马克斯·韦伯对社会行动和意义的探究，在搭建理解社会学的理论架构上做出了重要贡献，其所讨论的“陌生人”“归家者”① 等议题，在具体而微的情境中考察人际互动和理解，推动了社会学的微观转向和对意义问题的探究。同样，深受舒茨影响的加芬克尔（Harold Garfinkel）等人的常人方法学，关注“日常结构”或“日常秩序”，在破除科学与日常生活的边界上做出了重要探索。

不过，符号互动论、现象学社会学和常人方法学，在总体上又偏向了微观一隅，疏于对宏观历史问题的研究。其实，早在常人方法学产生重要影响之前，米尔斯便试图打通社会学宏观视角与微观议题的隔阻。在《社会学的想象力》一书中，米尔斯说：“当代历史的事实同时也是每个男人与女人成功或失败的故事……人们只有将个人的生活与社会的历史这两者放在一起认识，才能真正地理解它们。”② 在他看来，社会学（或社会研究）要在个人

① ［奥］许茨（舒茨）．社会理论研究［M］．霍桂桓，译．杭州：浙江人民出版社，2011：101－107、118－133.

② ［美］米尔斯．社会学的想象力［M］．陈强，张永强，译．北京：生活·读书·新知三联书店，2001：1.

困扰（private troubles）与公共议题（public issues）之间建立关联，把个体化感受转化为具有一定普遍意义的问题；人们要理解生活，就要“跳出”生活本身来审视自我与环境的关系。

相比较而言，符号互动论、现象学社会学以及常人方法学，虽然都面向微观的日常生活，但仍然是“专家之学”，而米尔斯所倡导的对个人困扰与公共议题的联结，则声称普通公众也可以具有“社会学的想象力”这种心智品质和洞察能力。① 不过，米尔斯仍未在理论上系统阐述个人困扰如何与宏观问题相关联，在一定程度上这是因为：一方面，米尔斯并未明确以社会学理论综合为目的；另一方面，在其探讨社会学想象力话题之时（20 世纪 50 年代），全球性情境与日常生活的关联尚未成为广为关注的社会学议题。因此，尽管米尔斯批评帕森斯的宏大理论（grand theory）和拉扎斯菲尔德的抽象经验主义（abstracted empiricism）脱离真实生活，但社会学何以是“生活指南”，尚需要进一步探讨。

在当代社会理论家中，吉登斯明确讨论了高度现代性（high modernity）或晚期现代性情境下宏观世界与个体经验的关联。在时空分离（separation of time and space）、脱域机制（disembedding mechanism）、现代性的制度反思性（institutional reflexivity）等动力机制下，全球性经验与日常生活转型交织在一起，进而重塑个体的自我认同。在高度现代性的背景下，个人的无意义感逐渐成为根本性的心理问题，于是生活方式的选择变得愈加重要。比较典型的例子是，身体是自我的载体，对身体的保养（如美容、整形、健身等）便是个体寻求自我认同的方式，而这种生活方式与全球性消费文化的兴起相关。在这种情况下，社会学（乃至社会科学）、操作手册、辅导指南、治疗著作、自助性调查等，有助于现代性反思性的形成。这些成果和指南不仅仅是有关社会过程的作品，而且在某种程度上也是建构社会过程的素材。②

吉登斯称社会学是一种“指南”，是在较为宽泛的意义上既将其视为“专家之学”，也看作普通人的“生活指南”。就专家之学而言，社会学有一

① ［美］米尔斯．社会学的想象力［M］．陈强，张永强，译．北京：生活·读书·新知三联书店，2001：3.

② ［英］吉登斯．现代性与自我认同［M］．夏璐，译．北京：中国人民大学出版社，2016：2.

套概念、理论和方法体系，在职业体系中是“少数人”的事业，普通人往往不甚理解或未曾接触之。而作为“生活指南”的社会学，虽然吉登斯并未具体展开，但根据他的论述，可以理解为或多或少带有一定专业视角的较为通俗的“辅助性知识”，即类如“膳食指南”“减肥窍门”“健康小贴士”“心理人格测评”这样的“知识”，它们能够为普通人群使用。这些指南不是简单的日常生活附庸，而是日常生活较为基础的组成部分，是人们用以应对现代性生活困境的手段与策略。因此，虽然这些指南是细微而琐碎的，但人们对这些指南的选择与运用，却体现了宏观社会变迁与个体日常生活的交互影响。

就职业与生活的关系而言，作为专家之学的社会学，会影响社会学从业者或研究者的视野和思维。例如，长于定量研究的学者，可能习惯于通过数据理解社会尤其是宏观结构，并对社会趋势进行预测；在定性研究上见长的学者，则可能对社会行动的意义或民情体验感悟更多。而作为生活指南的社会学，则对那些曾经受过社会学教育或接触社会学知识的人产生影响：或者在潜移默化中接受了社会学的思维方式，或者掌握了社会调查的方法与技术。概括来说，无论哪种社会学，都有助于人们观察社会（宏观结构）、理解他人（社会交往）、认识自己（自我认同），只是方式不同而已。由是观之，时常发生的社会研究方法的定量与定性之争，实在没有厚此薄彼的必要。

社会学研究的层次与方法是多元的，或宏观或微观，或理论或经验，或定量或定性，或理解或实证。但无论哪种，在一般的思维方式上总有其共通之处。美国学者乔恩·威特（Jon Witt）通过一个生动的例子——“汉堡包奇迹”，阐释了社会学的思维方式。这个例子说的是，假如你准备做一个汉堡包，但必须在不借助他人的任何知识、技能、工具或资源的情况下去做，结果会怎样?

就原材料而言，似乎十分简单，首先需要找头牛，但不能从农民那里买牛，因为那样做意味着借助他人的资源。出于同样的原因，不能到农村（到达那里本身就是一个挑战）从农场（这里有农民，意味着依赖于他人）偷牛，因此可能要找一头野牛。假设找到了一头野牛，那么必须杀了它，要想象一下做一个金属刀子需要什么（找到矿石、冶炼、锻造、回火等），这本身就是一件难事。假设做好了一个切割工具，也有了一大块生牛肉，接下来需要把肉磨碎，做成汉堡肉饼，还要想办法把它做熟，要考虑如何取火。此外，还要考虑如何获取面粉和各种调料，等等。① 细究起来，平时可以在快餐店轻易买到的汉堡包，仅靠一己之力去做是异常艰难的。乔恩·威特通过这个例子试图说明，实际上每个人都处在由复杂的关系网络构成的社会中，并集体共享着我们常常没有意识到的知识，而运用社会学的想象力，有助于我们更好地理解自己的社会位置和彼此之间的相互依赖关系。

运用社会学思维的重要方式是，有意识地将社会行为和社会现象置于社会结构与社会关系之中，并动态地审视之。当然，这种视角或思维方式，并不是一个抽象的理论问题，而是观念与经验不断磨合的过程。观念与经验磨合意味着：一方面，需要对日常生活尤其是对不同人的差异性生活方式抱以理解和尊重的态度；另一方面，通过书本和间接渠道获得的知识与观念，需要在真实的生活中进行检验和修正。例如，对于两个分别出身于富裕和贫穷家庭的孩子，不能仅凭他们当前的表现做出评价，而需了解其成长的环境和过程；同样，关于社会地位或社会分层之类的理论，也要慎用于个体身上，毕竟高度抽象化概括化的理论与个体生活之间，存在着巨大的差距。

这个道理对职业社会学家同样适用。职业社会学家的长处是能够识破常识的误区，运用理论视角和科学方法洞察社会运行的逻辑与肌理，思常人所未思，但“专家之见”与“常人之见”并无价值上的雅俗高低，在日常生活的意义上，它们都是人们有意识或无意识地用来编织日常秩序的“知识”或“凭据”，甚至在有些情况下，专家还需要向普通人学习观察与理解的“技艺”。无论多么复杂高深的理论或技术，都不能成为“自命不凡”的理由，因为社会学家也是日常秩序中的“普通人”。套用齐美尔（Georg Simmel）论述货币文化的观点“金钱只是通向最终价值的桥梁，而人是无法栖居在桥上的”②，或许可以说：“理论和技术只是通向认识社会的桥梁，而人是无法栖居在桥上的。”

---

① ［美］乔恩·威特．社会学入门［M］．王建民，等译．北京：人民邮电出版社，2016：3－4.

② ［德］西美尔（齐美尔）．金钱、性别、现代生活风格［M］．顾仁明．译，北京：学林出版社，2000：10.

四、“学以为己”与社会学的人文性格

我们可以借鉴中国传统的教育思想讨论社会学对于现代社会和个人修养的意义。在中国儒家的传统中，教育的主轴是个人的充实和修养，而不是为了取得别人的肯定或自身利益。在《论语·宪问》中，子曰：“古之学者为己，今之学者为人。”大意是，古代学者的目的在修养自己的学问道德，现代学者的目的却在装饰自己给别人看。① 有观点认为，“学以为己”是最能代表中国传统的教育精神和教育理想的四个字。不过，一个人固然必须全心追求个人的道德完善以及与知识的融合，也须同时不忘自己的道德成长带有社会意义，《大学》里提出的道德培育的八步骤——格物、致知、诚意、正心、修身、齐家、治国、平天下，便显示了儒家重视个人学习与完美世界之间的关系。②

尽管现代社会学的教育和研究不同于古代意义上的道德学问，但就为学与为人的关系而论，为人始终是前提，也是为学的最终鹄的。如前所述，社会学的重要视角是将社会行为和社会现象置于社会情境中考虑，在社会过程中考察社会事实的成因及影响，不轻易以己度人或诉诸价值评判。这样的态度和行为，不仅有利于社会学的学习者、研究者或接触者察人省己、提升自我，也会在知识传播或行为示范上带来积极的社会影响。在这个意义上，社会学的教学和研究也秉持“学以为己”的理念，塑造着人的道德品性和精神气质，是为社会学人文性格的重要体现。

在论及社会学的人文性格时，费孝通先生曾说：“今天的社会学，包括它的科学理性的精神，本身就是一种重要的‘人文思想’；社会学科研和教学，就是一个社会人文精神养成的一部分。社会学的知识、价值和理念，通过教育的渠道，成为全社会的精神财富，可以帮助社会的成员更好地认识、理解自我和社会之间的关系，以提高修养、陶冶情操、完善人格，培养人道、理性、公允的生活态度和行为，这也就是所谓‘位育’教育的过程，是

---

① 杨伯峻．论语译注［M］．北京：中华书局，2006：173.

② 李弘祺．学以为己：传统中国的教育［M］．上海：华东师范大学出版社，2017：2－3、9－10.

建设一个优质的现代社会所必不可少的。”① 这道出了社会学之科学性与人文性相统一的特点与意义。

这里强调社会学的人文性格，至少具有两层重要内涵：一是在本体的意义上，人与社会均具有多重面向，灵与肉、精神与物质、人文与自然等，只有科学与人文的双重关照才能更全面地认识社会行为和我们身处的社会世界；二是社会学作为一门现代性的科学，它既是现代社会全方位变迁的产物，也是现代人建构和规定自我的方式，建构什么样的社会学，也就意味着建构什么样的社会和塑造什么样的人，因此，在社会学的科学取向之外强调其人文性格，也具有培育“整全人”的意涵。就大学对“整全人”的培育而言，致力于呈现生命的本真性、感受力和想象力，以培育知行并重、通情达理、宽和包容的人生态度。

强调社会学之“学以为己”的人文性格符合培育“整全人”的大学理念，也有利于克服大学教育中存在的“专门主义”和“实用主义”之弊。专门主义主要体现为学科专业的高度分化，学科专业在越来越“专”的同时构筑了彼此之间的壁垒。结果是过于专门化的人才往往以本专业的理论、视野或尺度认识社会，可能造成视野的偏狭，或难以适应开放多元的社会生活。实用主义的主要表现是就业导向，根据某专业在职业市场的“优劣”决定教育和学习内容，它往往以工具理性为导引，将教育定位为就业和高工资，而在过程上就是短期性的考试导向和文凭主义。社会学对于培育“整全人”的优势在于，既有理论和思想的训练（理论史、思想史、学说史），也有具体方法和技术的训练（社会研究方法、社会统计分析、软件操作），还有田野调查的训练（真实的社会参与和体验），有助于培育健全人格。

现代社会之复杂与抽象，意味着社会学既要在技术层面推陈出新，理性而精微地化繁为简，以把握社会的宏观格局和演进趋势，也要细致敏感地洞察社会运行的肌理，体察民情与人心，淬炼“虚心涵泳，切己体察”的功夫。“虚心涵泳，切己体察”原出自南宋理学家朱熹的弟子对其读书法的概括：循序渐进、熟读精思、虚心涵泳、切己体察、着紧用力、居敬持志。②

---

① 费孝通．文化的生与死［M］．上海：上海人民出版社，2009.

② 朱熹．朱子读书法［M］．张洪，齐熙，编．天津：天津社会科学院出版社，2016：15.

这八个字也可用于对社会学之“人文性格”的解读，因为“社会”也像一本书，“读”之亦有方法。“虚心涵泳”的要义是，面对社会现象要“虚其心”，摒除先人之念、一己成见，深入而共情地理解世事人情，以包容的心态面对生活。“切己体察”强调密切联系自身生活，不执着于抽象的观念，而是将观念融于具体而微的日常生活中，将真实的社会生活作为培育自我、理解他人的土壤。

总而言之，社会学不只是一门严肃的社会科学，还是米尔斯所言的一种生活方式，即使普通人也可以成为“社会学家”，以社会学的视角或想象力理解和安排个人的生活，并应对社会生活的多元性和不确定性。在社会互动的意义上，社会学意味着其学习者与实践者能够不断在观念与经验的相互修正中，反求诸己、推己及人，培养人道、理性、公允的生活态度和行为。社会学作为“生活指南”，不在于细枝末节的技术理性，而在于一种思维方式和人生态度，其根本意义是“学以为己”、塑造健全人格。较宽泛地说，社会学既是一种现代性生活指南，也是一种人生智慧；既是职业社会家所追求的事业，也是融合在普通人日常生活中的平实道理。

（作于2018年4月，7月改毕）

“至简思维”与高等教育

当代经济与社会的快速发展以及社会各领域的分化，推动了高等教育办学理念与模式的变迁，社会各领域需要更加专门的人才，以应对社会生活的复杂性。但与此同时，领域细化与专业细分所引发的问题也引起人们的忧虑。例如，一些学科和专业之间相隔如山，彼此难以理解；高度专门化的训练，使人对自然与社会丧失了敏锐的感受力和丰富的想象力；专业领域的窄化造成个体人格的偏狭，在理解和接纳他人上出现问题；等等。高等教育尤其是大学生的培养，在于塑造“整全的人”，而高度专门化的培养模式与此构成了张力。本文对“至简思维”的讨论，便致力于对“整全的人”与“专门化的人”之间的张力以及可能的缓解之道进行思考。

一、从“大学”一词说起

我们可以以“大学”一词及其英文表达与相关术语为例来讨论至简思维。众所周知，儒家经典《大学》有云：“大学之道，在明明德，在亲民，在止于至善。”这是本土意义上“大学”的要义，强调明德新民。对人的培育就像发出光亮一样，照亮生命的晦暗之处，所谓“明德”，使人日有所进、不断更新，尤其是道德修养的提升，达到“新民”的目的。

英文的“大学”一词“university”也表达了其要义。这个词的词根 universal 有两个主要意思：一个是宇宙的、全世界的、普遍的；另一个是通用的、整全的，反过来讲，不是零碎的、片段化的。这是大学最初意义上的内涵，即培育“整全”的人。英文“大学生”也很巧妙地传达了大学“整全的”内涵。四个年级有不同的词汇，大一是 freshman，表面意思是“初来乍到的人”；大二是 sophomore，意为“有更多的经验”，因为里面有个“more”(更多)；大三是 junior，更高级一些；大四是 senior，变得更加成熟了。于是，从大一到大四，就是从新人变得更有经验、更成熟的过程。就大学教育而言，大学生的成长就是变得更加“整全”的过程。

基于“大学”一词的中英文语意，“整全”的反面就是极端专门化、专业化，未能“明德”和向“至善”努力，也未能从“新人”变得更加“成熟”。之所以加上“极端”一词，在于本文无意于否定专业化和专才存在的意义，而是试图指出，高等教育需要对专门化、专业化的限度保持警醒。极端专门化、专业化的导向可能使人“两耳不闻窗外事，一心只读圣贤书”，甚至成为马尔库塞所说的“单面人”（one dimension man）①，单面地接受某个事物的影响，而对多样的事物缺少感受力、领悟力和反思能力，对于他人的处境和感受也很难共情地理解，进而人的生活也就变得机械而麻木了。马克斯·韦伯所说的“狭隘的专家没有头脑，寻欢作乐者没有心肝”②，也指出了社会理性化过程中“专家”丧失精神动力之后的堪忧处境。

因此，本文所言的“至简思维”之“简”，并非是说越简单越好，而是强调“化繁为简”“去伪存真”，体现在高等教育和人才培养上，就是对“我们要培养怎样的人”的本质性问题进行深入思考。就此而言，本文是在教育哲学或教育理念的意义上讨论至简思维的。

二、“至简思维”：思想资源与要义

东西方的哲学和思想传统中都蕴含了至简思维的宝贵资源。道家思想鲜明地体现了“至简”的智慧。老子的“道”既是“整体的”，也是“简单的”。何谓“道”？老子说：“有物混成，先天地生。寂兮寥兮，独立不改，周行而不殆，可以为天下母。吾不知其名，强字之曰‘道’。”（《老子》第二十五章）大意是，有一个浑然一体的东西，在天地产生以前就存在。听不见它的声音也看不着它的形体，它独立长存而永不休止，循环运行而生生不息，可以为天地万物的根源。我不知道它的名字，勉强叫它作“道”。③“道”是未分化的原初状态，其运行自然而然、生生不息；只有顺应“道”，

① ［美］马尔库塞．单向度的人：发达工业社会意识形态研究［M］．刘继，译．上海：上海译文出版社，2008：4－6.

② 马克斯·韦伯．新教伦理与资本主义精神［M］．苏国勋，等译．北京：社会科学文献出版社，2010：118.

③ 陈鼓应．老子今注今译［M］．北京：商务印书馆，2003：173.

万物才会自由生长。

老子又说："为学日益，为道日损。损之又损，以至于无为。无为而无不为。"（《老子》第四十八章）求学一天比一天增加（知见），求道一天比一天减少（智巧）。减少又减少，一直到"无为"的境地。如果无为就没有什么事情做不成的了。① 在老子的思想中，"损"的重要体现是持有简单的"愚人之心"：我愚人之心也哉！俗人昭昭，我独昏昏。俗人察察，我独闷闷。众人皆有以，而我独顽且鄙。(《老子》第二十章)② 以道滋养的"愚人之心"，就是回归自然简单之心，因其简单素朴，反而更真实有力。

庄子的"至简"体现为"齐物"思想，即万物皆有其生存和安适之道，不必刻意求之或改变。所谓"山木，自寇也；膏火，自煎也。桂可食，故伐之；漆可用，故割之。人皆知有用之用，而莫知无用之用也。"（《庄子·人间世》）山木自招砍伐，膏火自招煎熬。桂树因为可以吃，所以就遭砍伐；漆树因为可以用，所以就遭刀割。世人都知道有用的用处，而不知道无用的用处。③ 万物顺应自然，皆有其存在的价值，如果刻意改变，反而伤身害性，所谓"是故凫胫虽短，续之则忧；鹤胫虽长，断之则悲。故性长非所断，性短非所续，无所去忧也。"（《庄子·骈拇》）④

尽管儒家思想不像道家那样主张清静无为，甚至二者的伦理主张存在巨大分歧，但在教育思想上仍有相通之处。例如，孔子所说的"己所不欲勿施于人"便与老庄主张的顺应各自天性和处境的观点相似。孔子说："古之学者为己，今之学者为人。"（《论语·宪问》）强调"学"的根本力量来自身内而不是外部，其目的在修养自己的学问道德，而不是装饰自己或做给人看。⑤ 另外，孔子主张"不愤不启，不悱不发"，强调教育学生不到他想求明白而不得的时候，不去开导他；不到他想说出来却说不出的时候，不去启发他。⑥ 这也是强调"学"在于由内而外的过程，内在的力量是最重要的。

儒家教育思想强调"为学为人，其道一也"。如《论语·述而》说：

① 陈鼓应. 老子今注今译［M］. 北京：商务印书馆，2003：351.
② 陈鼓应. 老子今注今译［M］. 北京：商务印书馆，2003：155.
③ 陈鼓应. 庄子今注今译［M］. 北京：商务印书馆，2007：167.
④ 陈鼓应. 庄子今注今译［M］. 北京：商务印书馆，2007：278.
⑤ 杨伯峻. 论语译注［M］. 北京：中华书局，2006：173.
⑥ 杨伯峻. 论语译注［M］. 北京：中华书局，2006：77.

“子以四教：文，行，忠，信。”说的是孔子用四种内容教育学生：历代文献，社会生活的实践，对待别人的忠心，与人交际的信实。在儒家教育思想中，有两个方面依然具有现代意义：一是学以修身为本，“做人”是为学的根本目的；二是学是实践的过程，所谓“学而时习之”，所学的内容需在生活中反复“操演”。与孔子主张的“己所不欲勿施于人”类似，孟子主张“反躬自问”，即“仁者如射：射者正己而后发；发而不中，不怨胜己者，反求诸己而已矣。”（《孟子·公孙丑上》）。① 注重自我的内在力量并由内向外“推”，是儒家教育思想较为根本的观点。

比较儒道两家的教育思想，道家侧重于“本真性”，顺其自然、顺应天性，认为真正的力量在于回归简单，不胡乱非为才能把事情做好；儒家倾向于“整全性”，学与做、为学与为人的统一，而且“君子不器”，人成其为人的根本不是专门化的技能，而是道德上的“完满”。当然，这里的“整全性”，不是“多面手”的意思，而是德行修养对知识和技能的涵括，也就是说，知识和技能只有在促进仁德提升和广泛地惠及他人时才具有根本意义。

在西方教育思想中，卢梭的自然教育观与道家思想有相似之处。卢梭说：“出自造物主之手的东西，都是好的，而一到了人的手里，就全变坏了。”② “遵循自然，跟着它给你画出的道路前进。它在继续不断地锻炼孩子；它用各种各样的考验来磨砺他们的性情；它教他们从小就知道什么是烦恼和痛苦。”③ 在卢梭看来，自然状态的自由展开是生命发展的最初逻辑，顺应自然状态的教育，能够培养富有生活感受力、对幸福与不幸都能够容忍的人。自然的教育自人出生就开始了，所以家庭、父母尤其是母亲的责任非常重要，多给孩子以真正的自由，而不是按照成人的经验人为地设置“准绳”。卢梭关于教育的自然人性基础的观点，主要强调生命具有其固有的力量与可能性，因此教育便需要顺应这种原初力量的发展。深受卢梭思想影响的瑞士教育家裴斯泰洛齐也强调天性的内在力量和顺应天性的教育实践，致力于培养整全的人格与和睦的共同生活。④

① 杨伯峻. 孟子译注［M］. 北京：中华书局，2008：61.

② ［法］卢梭. 爱弥儿［M］. 李平沤，译. 北京：商务印书馆，2012：6.

③ ［法］卢梭. 爱弥儿［M］. 李平沤，译. 北京：商务印书馆，2012：26.

④ 渠敬东. 父道与母爱. 裴斯泰洛齐教育思想中的政治与宗教基础［J］. 北京大学教育评论，2017（1）.

总体而言，教育意义上的“至简思维”，重在顺应生命的“本真性”，塑造人的“整全性”。顺应“本真性”，可以释放个体生命的特质和潜能，有利于天性的自由发挥；而塑造“整全性”，则使教育和受教育的过程具有道德属性和社会意义。

三、“至简思维”所欲应对的问题

在高等教育大众化和就业与职场竞争日趋激烈的背景下，大学校园中往往弥漫着“专门主义”和“实用主义”的风气。专门主义主要体现为学科专业的高度分化，学科、专业在越来越“专”的同时构筑了彼此之间的壁垒。在结果上，过于专门化的人才往往以本专业的理论、视野或尺度认识社会，可能造成认识理解的偏狭，或难以适应开放的、整体性的社会生活。

当然，专业化是高等教育发展的趋势，我们并不反对专业化人才的培养，尤其是高精尖人才的培养。但是，专业化的人才培养需要一定的前提，即激发生命的本真性和人才成长的整全性，例如，在课程设置上，开设跨学科、跨专业、跨年级的课程，开设通识类课程，使学生的思维和认知建立在宽厚的基础上。需要提及的是，“通识”不是简单的跨专业选课或多修习所学专业以外的课程，而是遵循至简思维，指向基础问题，塑造整体性、包容性的思维方式。这样方能激发一个人的“精神想象力”，即“一个人有能力摆脱固有的生活方式，以最大尺度去想象所有的可能性，创造属于自己的生活方式。”①

除了可能造成的思维“偏狭”之外，专门主义也可能导向另一个结果——实用主义。实用主义的主要表现是就业导向，根据某专业在职业市场的“优劣”决定现在的教育和学习内容。这样，高等教育就被高度窄化了。正如美国学者威廉·德雷谢维奇发问的那样：“‘投资与回报’直截了当地概括了人们对大学教育的认知和态度。大家总是习惯于计算投入与产出之间的量化关系，却往往忽略了大学给予的回报应该是什么。大学的回报是否仅仅

① ［美］威廉·德雷谢维奇．优秀的绵羊［M］．林杰，译．北京：九州出版社，2016：83.

只是金钱呢？言外之意，受高等教育的唯一目的就是就业（即产出和回报）吗？"①

实用主义往往以工具理性为导引，将教育定位为就业和高工资，而在过程上就是考试导向、积累学分、文凭主义。学生在课业修习上，往往不是凭内在的兴趣，而是看是否容易学习或是否能够顺利通过考试、拿到学分，而对于较为基础性的“无用”的文史学科则兴趣寡然。教育固然不排斥实用，但高等教育和大学人才培养的核心在于塑造“整全的人”，在于人才的长远发展和潜能释放，舍此而求实用，则知识和学历就成了谋取实利的工具，背离了基本的大学理念。

至简思维不以就业为终极目的，但会激发敬业乐业的精神；至简思维也不反对赚钱，但会侧重于引导人对金钱的理性认识。整全的人的培养，是在知识、思想、审美、德行等多方面的塑造，而实用主义则将很多内容都化约为对物质利益的追求。至简思维强调“本真性”和“整全性”，正可应对专门主义和实用主义之弊。就“立德树人”的教育宗旨而言，至简思维是回归人性的简单和生命的纯真，在高度专业化的教育环境中是“对心灵的解放”②。当然，至简思维主要还是一种思维或观念，其运用需要更多实践层面的努力，实现观念与经验的勾连。

四、践行至简思维：从观念到经验

在高等教育领域存在的专门主义、实用主义的背景下，至简思维需“反其道而行之”，一是“破专”，打破学科、专业壁垒，进行通识阅读和思考；二是“破私”，破除自我封闭和固执，在田野工作和社会性活动中检讨观念、磨砺性情。

（一）通识阅读：以读书会为例

所谓“通识阅读”，即秉持通识教育（general education）的理念，选择人类精神史上那些就人类社会比较根本的问题进行思考并被后人反复阅读的

---

① ［美］威廉·德雷谢维奇．优秀的绵羊［M］．林杰，译．北京：九州出版社，2016：70.

② ［印］克里希那穆提．教育就是解放心灵［M］．张春城，唐超权，译．北京：九州出版社，2010：1－2.

经典著作进行研读。通识教育其实就是我们每一个人如何超越有限，追寻普遍与永恒的教育。大学通识教育的根本意义乃在于其承载了大学教育的根本目标，也就是以通识培育通人，即培养完整的人而非通才。大学通识教育需要超越专门知识训练而达至整全意识，以向着经典、自由求知为取向的阅读与交往乃是大学通识教育的基本路径。①

通识阅读的书目应体现中外思想家关于什么是“好”人、“好”制度、“好”生活的思考，此类思考探讨的往往是较为基础的人性、家庭、政治、幸福、正义、命运等问题，因其主题较为一般和根本，相对容易引发思考和共鸣。例如，《论语》《老子》《庄子》《理想国》《尼各马可伦理学》等都可列为通识阅读的书目；当然，也可以是相对晚近的作品，如孟德斯鸠《论法的精神》、卢梭《爱弥儿》、鲁迅《故事新编》等。相比较而言，大学里的“专业”不是越“专”越好，未及入门而先“专”，可能使学生更丰富的想象和思考空间受限，不易产生专业兴趣。因此，先有基础思考，再进行专业学习，更符合认知发展和人才成长的特点。

通识阅读不仅是书目选取问题，还需要相应的组织形式。除了课堂授课和讨论之外，读书会是一种可供选择的形式。近年来，笔者一直在组织面向本科生和研究生的读书会，为读书会所写的“献词”代表了笔者的理念和期许：“山必有路，德必有邻。有朋同乐，问渠听音。为学日益，为道日损。博观约取，文质彬彬。择乡就士，群道入心。反求诸己，推己及人。生也有涯，知也无尽。高卑远迩，天道酬勤。”这八句话，重在交代读书会的活动方式、理想信念、读书方法、社会意义、勤勉要求等。

在互联网时代，通识阅读显得更加可贵。随着移动互联网的发展，网络信息通过移动终端时刻在攫取人的注意力，一些垃圾信息往往假扮“知识”甚至“真理”不断袭来。在这种情况下，回归经典就是回归质朴和单纯。快餐式阅读只能令人兴奋一时，而仔细品读经典带来的思想启迪可以受益终身。经典阅读的深刻意义在于，使人对自身和社会不断重新发现。读书会的集体活动除了促进知识积累和思维提升之外，更重要的是有助于塑造人的社会品性和对社会生活的依恋。读书会是集体活动、合群事业，其本身就是“人所以为人”的重要基础和条件。

① 刘铁芳. 大学通识教育的意蕴及其可能性［J］. 高等教育研究，2012（7）.

（二）田野工作及其意义

通识阅读会开阔人的视野，但如果仅限于观念的层面，也可能造成“对抽象的自我观念的执着”。如渠敬东所反思的那样：“文本的阅读特别容易产生强烈的观念，因为对于孩子来说观念的诱惑力是最大的，同时读了大书，他们的观念的确认感也是通过书来确认的，观念的培养并不能在有效的经验感上做有效的补充。很多学生在阅读这些大书的时候并没有直接回到自己的生活和经验体会里，并且回到自我的认识里，其实通识教育最关键的是对自己已经形成的意见构成强烈的挑战……这就需要我们做进一步的工作，这个工作在我看来就是广义上的田野的工作。”① 田野工作将社会性的培育置于更广阔的实在空间中进行，以纠正抽象观念的偏狭和束缚。

这里的“田野工作”（fieldwork）有广、狭两种含义。狭义上，它指的是社会学、人类学等学科的田野研究或实地研究（field research）方法，即“一种在自然情境下直接观察社会现象的社会研究方法”。② 研究者在田野工作中体验人们的日常生活，通过记录人们的生活的各个方面，来呈现社会是如何构成和运行的。从广义上讲，是指对世事民情深入地体验和理解，尤其是对不同人群的思维方式、风俗习惯、性情特点和生存处境的体认。接触不同的人群，能够使人察人省己、磨砺包容之心。例如，一名大学生可以尝试和教学楼的清洁工或食堂的师傅聊聊天，能够看到一个和自己所了解的不同的生活世界。这样做时需要暂时摒弃已有的立场或观念，将彼此看作同样的普通人，此时学生的角色不是去“传经送宝”，而是通过他人的生活修正自己的观念。当一个人能够容纳各色人等，便可能成为包容宽和之人，这比专业上的成才更根本、更重要，毕竟，教育的根本意义是通过其社会属性和社会影响来体现的。

（三）作为“社会性培育”的教育

通识阅读和田野工作重在社会性的培育，引导学生（包括教师）寻找“自我的土壤”。这可以从正反对比的四个方面进行讨论。

一是“真实地生活”对“虚幻地生活”。所谓虚幻的生活，是完全靠自

---

① 渠敬东等．通识教育与文明复兴［J］．学海，2013（4）．

② ［美］艾尔·巴比．社会研究方法［M］．邱泽奇，译．北京：华夏出版社，2009：312.

己头脑里的观念、书本上的内容或者来自互联网的信息思考问题，而对真实的社会生活、人际交往、社会关系缺乏了解和参与，这样的生活会变得虚幻，甚至陷入“抽象的个人主义”，即执着于自我的观念，以此为衡量社会生活的标尺，并将不符合一己观念的现象斥为不合理。在这种情况下，便需要脚踏实地地观察、体验生活和与人交往，不是以抽象的观念要求生活，而是以真实的生活经验修正观念、包容差异。

二是“合群地生活”对“孤立地生活”。荀子有“君子者，善群也”的说法。在教育社会学的意义上，所谓“合群”，不是简单的人群聚集，而是持续深入的互动。例如，不是每天在教室里人数多就是合群，而是彼此不断交往、合作，并学习如何处理分歧、化解冲突；有分歧时不固守己见，而是理解和容忍。生活的逻辑不是理论的逻辑，不以分清对错为目的，而以寻求妥协平衡为旨归。“平衡”只能通过群体生活去实现，理论或道理争论再多，如果没有实际的社会生活参与，便会处处碰壁。仍以读书会为例，十几人的群体活动，如果一个同学经常缺席，自己会感到惭愧，会认识到对整个集体的影响；而读书中的交流和争论，也会使人学习沟通与妥协的“技巧”。

三是“包容地生活”对“唯我地生活”。所谓“包容的生活”，就是遇事先反思自己，如孟子所说“仁者如射，射者正己而后发”。射箭先端正姿势再射出去，射不准也“不怨胜正己者，反求诸己而已矣。”当凡事反思自己的时候，就不会总是怨天尤人；总是埋怨别人的人，会觉得整个世界与自己为敌，就会执着于自我，渐渐与群体性生活相隔绝。

四是“反思地生活”对“固执地生活”。高质量的学习的重要体现是，经常反思自己的生活经验，并不断改进。例如，一个大学生每天或每周或每个月总结一下自己学习和生活，会知道哪些事没有完成，哪些地方做得不对，哪些方面可以改进。苏格拉底说：“未经省察的人生没有价值。”指出“反思”或“省察”是人之为人的基本属性。《论语》中曾子也说“吾日三省吾身：为人谋而不忠乎？与朋友交而不信乎？传不习乎？”将自我反省融入日常生活之中。“反思”是将自己作为思考的对象，进而不断地修正和完善自己。

社会性的培育重在将“社会的种子”埋在人的心里，慢慢形成牢固的“社会感”。就大学教育而言，上大学除了获得知识和文凭，重要的是塑造人对社会的依恋。一个人不断地感受群体性和仪式性的活动，就会逐渐形成对社会的依恋，并体会到社会的“神圣性”。例如，当一个学生听到国歌奏响、国旗升起，内心会产生庄严肃穆的感觉，这种感觉是通过长期的群体性仪式性活动而逐渐形成的。再如，开学典礼、迎新晚会、颁奖仪式、毕业典礼、毕业晚会等，都是仪式性的活动，这些仪式都在塑造个人与群体的紧密关联。

五、结语：“至简思维”与“日常功夫”

简单地说，至简思维就是把事情想得简单一些，剥离无关紧要的细节，剔除不必要的功利性考虑，使教育和学习“化繁为简”“去伪存真”。老子“为学日益，为道日损”的通俗解说就是：学习知识是做“加法”，而体悟“道”是做“减法”；对实用和名利的欲望越多，人会越迷茫，而对实用、名利、欲望做减法时，“道”就会逐渐呈现出来。体现在教育上，“减法”就是回归生命的本真性，教学和接受教育的过程就是顺应生命本真性的过程。倡导至简思维，对于大学中的“专门主义”和“实用主义”之风，具有一定的解蔽纠偏的意义。

就高等教育而言，其核心目标是塑造“整全的人”，致力于涵育生命的本真性、感受力和想象力，以培育知行并重、通情达理、宽和包容的人生态度。至简思维主张顺应自然天性的简单，并通过切实的实践过程促进观念与经验的磨合和相互修正，这正体现了高等教育的核心目标。若将理念层面的至简思维变为行动，还需要实践层面的“日常功夫”，即从近处着手，从日常生活的饮食起居、待人接物做起。在这个意义上，至简思维的理念与实践在根本上是一种处世态度和生活方式。

（作于 2018 年 9 月）

让大学和专业塑造我们的性情

——在社会与心理学院2017届毕业典礼上的发言

尊敬的各位领导、各位老师、各位家长，亲爱的同学们：

大家上午好！

很荣幸作为教师代表在这里发言，和各位同学分享我的一些感受。我发言的题目是“让大学和专业塑造我们的性情”。

毕业季，是收获的季节，也是离别的季节，不管怎样，这是成长的季节。所谓成长，就是在一些重要的时间节点，或一些重要的场合，我们有意识地总结过去、审视当下、放眼未来。

在这样的时刻，我想谈一谈我所理解的“成长”，确切说，是我们所学的专业，会带给我们怎样的影响和改变。我想先从我个人的生活说起。

2008年北京奥运之年的7月，我加盟中财，开始了我的“青椒”生活。两年后，我的父母从农村老家来北京和我一起居住。他们的到来，给我的生活带来重要变化，最明显的就是，在两室一厅的房子里，我变成了一只蜗牛。

不过，这不重要，让我多少有些疑惑的是，曾经在《社会学概论》里学到的一个农民到大城市的culture shock，却迟迟没有发生。相反，我父母来北京不到一个月，已经和小区的邻居们打得火热了。被shock的不是他们，而是我！

而且我发现，认识我的邻居也越来越多，他们还知道我在哪儿工作，每个月挣多少钱，什么时候结婚的，等等。这让我有些焦虑不安。

面对生活中的变化，我开始摆出一副知识分子的架势，和两个农民谈话，内容主要是“我们家是有隐私的，不要什么事都和外人讲”之类的。

不过，随着我家隐私源源不断地外泄，我家和左邻右舍的关系变得更加亲密融洽了。我之前从书本里学到的所谓城市“陌生社会”，居然渐渐消失了，或者，它本来就不存在！

我发现，我父亲在小区里的名声越来越大，有找他谈心解闷儿的，有请他接送小孩的，有找他帮联系工作的，还有找他牵线搭桥当媒人的。他的能量，超乎我想象！

这些体验，让我有意识地走进我父亲的世界，并从他的世界里审视我自己。我的第一个结论是：他通过生活来生活，而我常常通过很多抽象观念来生活。当我这样看待自己的时候，真是“亚历山大”，于是得出第二个结论：我还是个副教授，而我只有初中文化程度的父亲，其实早已是社会学家了！

是的，我发现我父亲就是一个独特的世界，这个世界很实在、很轻松、很圆融、很温暖。这些感受和体验，促使我总结和反思，我的社会学专业或社会学研究，对我而言究竟意味着什么？

我想，专业或职业，学习或学问，不仅要发现真理，还要体悟道理，不仅要解释世界，还要涵养性情。其中，重要的一点是，以专业的视角，常人的心态，理解我们身边的人，理解周围的世界，也理解我们自己。

老子说：“为学日益，为道日损。”意思是，学习知识是做加法，而对道的体悟是做减法。我想，将专业与生活相结合，并从中陶冶性情、体验快乐、收获幸福，也许就是社会学乃至社会科学的“道”。

就社会学而言，时常将人和事放在社会关系、社会过程中来思考，也许人能变得宽容豁达起来。在我看来，“社会”不仅在我们身外，也在我们内心。“设身处地，将心比心；反求诸己，推己及人”：这可能是社会学、社会工作和心理学能够带给我们的共同品质。

在座的各位同学，也许很多人毕业后不会从事和社会学、社会工作或心理学直接相关的工作，也许你会忘记谁是孔德、米德、弗洛伊德，也不会再提起弗洛姆、迪尔凯姆、米尔格拉姆。但有一点是无法改变的：我们的大学和专业，学术史上无数大师的思想和灵魂，已经潜移默化地融入我们的生命之中。

如果将专业融为性情，将学问看作人生。那么，四年就是永远，大学就是永恒——这，就是我所理解的真正的“成长”。

最后，衷心祝愿毕业班的同学们，在未来的人生旅途中，乘风破浪、大展宏图。得意时，能淡然视之，不妄自尊大；失意时，可泰然处之，不怨天尤人。

学院的老师们，将永远默默地注视着你们，目送你们远行，等待你们回家，并为你们每一次的成长和进步，感到骄傲和幸福！

谢谢大家！

（2017 年 6 月 24 日）

乙篇 02

通过社会学去思考

我们不妨用“庙堂”与“江湖”比喻“严肃的”社会学和“活泼的”社会学。所谓“庙堂”，是严肃的长篇大论的专业论文，尤其是能被同行认可的学术论文。所谓“江湖”，是随意的短小灵活的学术随笔，更多的是结合日常生活表达个人的心态、对生活的感受、对社会问题的看法。怀庙堂之志，让人有学术的方向；存江湖之心，使人有生活的情趣。庙堂之高，常遥不可及；江湖虽远，重在心有江湖。

归家者的心态：一个文学社会学札记

一

家，是文学的主题，也是社会学的议题。相比之下，社会学家注重事实和实证，而文学家，尤其是诗人，更富想象和浪漫的色彩。

对于家的主题，社会学研究似更“可信”，而文学表达似更“可爱”。当然，这并不严格，因为社会学也可以很平易近人，如林耀华先生的小说体著作《金翼》，其所呈现的不是刻板的学术面孔，而是一幅幅生活场景，如耕种、祭祀、经营店铺、纠纷调解等。

抛开文学与社会学本身的差异不谈，仅就家而言，其本身就是一种复杂的存在，它是一个地方，一个场所，一个事物，同时也意味着一种记忆，一种情感，一种想象。无论文学家，还是社会学家，尽管“写出来”的家很不一样，但在写作的“背后”，作者一定对家有深切的理解。

好的文学作品和社会学作品，有一点是相通的：都能切中人的生命体验，或者说，二者都有打动人的人性基础和现实基础。这样，哪怕是非作家、非研究者，读来也会倍感亲切。

二

我们都会有一种日常感受：对家的体验，只有在离开家后才更真切。因此，会有乡愁，有思乡病，会有回去看看的冲动。

阿尔弗雷德·舒茨有一篇论文，叫《归家者》，比较细腻地讨论了人离家又归家的心态。有意思的是，舒茨是以文学形象开始的。荷马史诗《奥德赛》中有这样一个场景，熟睡的奥德赛被水手们放在伊萨卡的岸边，这是他历经20年的困苦而一直希望回到的地方，不过，醒来的奥德赛却满怀忧伤："啊！我现在究竟身在何处呢？我正在这里做什么？"

舒茨是将这个场景作为一种隐喻，引出归家者返乡时的矛盾情感。归家者与陌生人不同，后者试图"探究未来"，融入一个新群体，而前者则试图"激活过去"，回到曾经熟悉的情境中。奥德赛之所以忧伤，在于他看到的，已不是他曾经熟悉的家乡了。

在呈现家的形象时，舒茨的写法也是文学化的：家可能意味着某种被挚爱的风景，意味着母亲教给我们的歌谣，意味着以独特的方式烹制的食物，意味着各种熟悉的日用品等，对熟悉性和亲密性的最好表达是——"觉得就像在家里一样"。

不过，略有些"悲剧性"的是，家一旦离开，便难以回去了，或者说回去后的家，已不是记忆中的家了。就像舒茨说的那样，归家者与当时的离家者已不是同一个人，对于那些等待他归来的人来说，他也不再是同一个人了。

哪怕是普通的日常生活，在离家与回家之间，也会有些许的波澜，需要努力重建"日常秩序"。可以说，从离家到回家，归家者是需要用"创造性的经验"来应对日常生活中所蕴含的紧张和焦虑的。

因此，无论是衣锦还乡，还是落魄而回，归家者都需要"适应"家乡的环境。

三

游子归来，在时间与空间上都处在一个边际位置，夹杂着熟悉与陌生、向往与迟疑、热切与自制的矛盾情感。

最能表达这种情感的，可能是宋之问的诗作《渡汉江》：

岭外音书断，
经冬复历春。
近乡情更怯，
不敢问来人。

这是唐中宗神龙二年（706），宋之问从泷州（今广东罗定市东南）贬所北归，途径汉江（襄阳附近的一段汉水）时所作。

“岭外音书断，经冬复历春”，道出荒远贬所与家乡的空间与时间隔阻，作者被迫离家，客居异乡，亲人杳无音讯，年复一年日复一日，不知何时再相见，苦闷之情难以言表。

作者的家乡，一说在汾州（今山西汾阳附近），一说在弘农（今河南灵宝西南），离“汉江”尚有距离，因此“近乡”并不是马上到家了，而是一种心理感受：距离家乡更近了，风土人情也更熟悉了，一切看起来也更亲切了。这比较符合日常体验，离开家一段时间再回来时，空间范围逐渐缩小，在外围时便能感受到“乡”，可能是一座山，一座桥，一片树林，一个集市，再往前走，就要到“家”了。

“近乡”时的情感，比迈入家门时更复杂。一个“怯”字，道出了归家者的矛盾心态：希望早日到家，但因为很久没有家乡和亲人的音讯，又害怕听到一丝不好的消息，于是惴惴然“不敢问来人”。这是一副归家者欲言又止、刚招手又放下的喜悦而迟疑的画面。

这种情感，有些像《论语》中说的：“父母之年，不可不知也。一则以喜，一则以惧。”父母年事渐高，健康长寿，儿女应该感到高兴，但毕竟生命有限，父母逝去的可能性也在增加，也令人担忧。

一个“怯”字，一个“惧”字，都是要用“心”的，却又不是“害怕”本身，而是同时夹杂着向往、喜悦、激动，可谓“悲欣交集”。似乎可以这样理解，“怕”是有对象的，是对近在眼前的事物的感受，而“怯”和“惧”，则没有明确的对象，因此内心更没有着落。

怯和惧，是一种心情，也意味着命运的偶然性。也就是说，令人担心的事，不在人能掌控的范围之内。久而未归的家乡，已经不知是何模样，无从知晓；而年事已高的父母，总有一天要“离去”，它必然发生，但又不知发生在何时，人怎能不喜忧参半呢？

杜甫诗云“自寄一封书，今已十月后。反畏消息来，寸心亦何有。”“畏”字所传达的，恐怕也是这种矛盾情感。

四

正因为命运中不确定性的存在，怯、惧的矛盾心态才更真切，人对命运神秘性的敬畏和渴望也更真实。

而在今天，我们有了手机，有了移动互联网，似乎很少再有“岭外音书断”“自寄一封书，今已十月后”的情况了，归家者“近乡”时的情感，似乎也没那么浓烈了。

在讯息不那么便捷的时候，我们尚能有“有朋自远方来”的惊喜；而现在，朋友尚未启程，和已经到达似乎没什么两样了，因为平时的信息往来，已经淡化了彼此的期待和可能的惊喜。就像一部引人注目的电影，会将观众的情绪、想象力带进去，可是如果提前知道了结局，观影的兴致便大打折扣。

歌曲《异乡人》唱道：“不知不觉把他乡/当作了故乡/只是偶尔难过时/不经意遥望远方”。久居的异乡，成了第二故乡，而家乡反倒成了异乡。想回的是家，回不去的也是家；归家者，同时也是异乡人。这有些“悲剧”，但也是事实。

也许，在经常变动的生活中，每个人都要学会做一个勇敢的异乡人，和坦然的归家者，既能承受异乡的漂泊，也能接纳故乡的缺憾。

苏东坡词曰“此心安处是吾乡”，这是一种精神境界，也是一种“社会能力”。

（作于 2018 年 3 月 23 日）

寻找自我的土壤

——电影《昨天》观后

电影《昨天》所呈现的贾宏声，是一个在努力而痛苦地寻找自己的人，而且努力越多，痛苦就越深。

姑且不谈故事发生的时代背景，贾宏声痛苦的根源是没有方向——既不知来自何方，也不知去往何处。不过，在影片中，他只是众多迷茫者中的一个，只不过“有些极端”“做事更容易过”而已。

贾宏声，顺兴，李杰，都是孤立的个体。在“寻找”这个行为上他们是同类，但又难以同行。确切说，他们在内心上拒绝同行，因为他们害怕在同行中成为对方、失去自己。

影片中贾宏声的一句经典台词是“我没有选择，只有死磕，跟所有人磕”，而他和父母的死磕是最剧烈也最惊心动魄的。

他无法理解父母为了“照顾”他，离开故乡来到北京。也许，“被照顾”正是贾宏声刻意回避的，在他看来，这就是一种不自由，是对自我的莫大侮辱。但对他的父母来说，照顾儿子天经地义，更何况儿子还处在“疾病”之中。

在贾宏声看来，父母不思考自己为什么活着，是可耻的，甚至是堕落的。这种心理，我宁愿将其解读为他对父母深深的嫉妒，嫉妒他们的生活平静如水，嫉妒他们在柴米油盐中自我满足。尤其是，父母把“照看”儿子当作生活的意义，而他自己却找不到所谓的意义，这种处境是尴尬而难堪的。

在寻找自我的路上，贾宏声选择了 Beatles 乐队的主唱——列侬作为自己的精神偶像。也许，是摇滚乐让他躁动不安的心，暂时找到了可以安放的处所；或者说，他在摇滚乐中，暂时忘掉了“自己是谁”这个令人纠结的问题。

在贾宏声那里，列侬就是他的神，他甚至幻想自己就是列侬的儿子。不过，假如列侬真的站在他面前，他也一定会像逃避瘟疫一样逃离偶像。因为，一旦偶像近在咫尺，一切神秘的敬畏、狂热的崇拜，都会荡然无存。其实，在贾宏声那里，所谓偶像崇拜，无非是用一种虚无代替另一种虚无罢了。

贾宏声所追求的自我，是脱离家人、朋友和生活土壤的虚无缥缈的自我。这种自我，高度抽象、纯粹。正因为它太抽象和纯粹，所以也非常残忍——没有人能理解他的这种自我；他自己也无法理解，所以他才会将自己的演艺事业看作是虚假的、骗人的。

他既鄙视他人，也憎恨自己。他和别人死磕，更和自己死磕。

贾宏声对抽象自我的追求，何以可能呢？

影片最后，他康复出院，似乎在现实的土壤中找到了自我。这要归功于精神病院的成功治疗，他本人的面壁静思、自我反省，还是不离不弃的父母的情感滋养？如果是前两者，那么精神药物的效果似乎太神奇，也使影片试图呈现的东西显得太随意了；如果是家庭生活的滋养，可父母的探望又如何能代表常态的家庭生活，何以带来充分的温情浸润呢？

如果缺少充分的家庭生活或社会生活的滋养，那结局会怎样？麻木？疯癫？自杀？对贾宏声来说，生活的残忍就在于，他经常清醒地怀疑一切，无法麻木，也难以疯癫。相比之下，自杀，确切说——杀死自己的行为，则是那么真实。

对一个还清醒的人来说，当他无法掌控任何事情的时候，唯一能掌控的也许就是自己的生命，而把自己杀死，就是最后的自我确认。

消灭自己就是成就自己，这是多么的悖谬！

贾宏声和自己死磕，和每个人死磕，更是和他所生活的时代死磕。对贾宏声来说，作为一个孤独的个体，一个和世界死磕的人，也许只有自杀的悲剧结局，才是他唯一的喜剧。

因此，在我看来，影片最后的圆满结局是突兀的，似乎太追求一个皆大欢喜的结果。当然，这可能受制于原型人物出演这个事实——如果让一个还活着的人和自己的父母出演自己的死亡，确实太不人道了。

2010 年，贾宏声还是跳楼自杀了。从影片上映，到最后的自杀，间隔 10 年。也许，贾宏声用挣扎和隐忍守护了《昨天》的美好结局 10 年，而时代与生活，还是用残忍的方式修改了电影的结局。

在一个所谓的转型时代，每个人都在路上，每个人都在寻找。我们对贾宏声的关注，对他人生经历的唏嘘，对他自杀结局的感叹，其实就是在关注我们自己。也许，贾宏声没有找到自己，但他提醒了很多人，如何去铺设寻找自己的道路。

在这个时代，我们每个人的身上都或多或少地带有贾宏声的影子。看完《昨天》，无论怒或悲，怜悯或不屑，我们都需要反问自己：在我们站立的地方，是否具有贾宏声所缺乏的那种充分滋养自我的丰厚土壤？

（作于2016年春）

孩子为什么会变得残忍

——读《蝇王》

图书信息：威廉·戈尔丁（William Golding）著《蝇王》（Lord of the Flies），龚志成译，上海译文出版社2009年版。

作者简介：威廉·戈尔丁，1911年9月19日出生于英国西南部康沃尔郡。1935年毕业于牛津大学。1940年应征入伍，在海军服役五年。《蝇王》完稿后曾被二十一家出版社拒绝，1954年才出版。1983年，戈尔丁被授予诺贝尔文学奖。

故事梗概：小说借孩子的天真来探讨人性的恶这一严肃主题。故事发生于想象中的第三次世界大战，一群六至十二岁的儿童在撤退途中因飞机失事被困在一座荒岛上，起先尚能和睦相处，后来由于恶的本性膨胀起来，便互相残杀，发生悲剧性结果。

一

一架飞机带着一群男孩从英国本土撤离。不幸的是，飞机被击落，孩子们乘坐的机舱落到一座荒无人烟的珊瑚岛上。

拉尔夫是这些孩子中较大的一个。他是个金发少年，十二岁零几个月，父亲是个海军军官。“就他的肩膀长得宽又结实而言，看得出他完全可能成为一个拳击手，但他的嘴形和眼睛偏又流露出一种温厚的神色，表明他心地倒不坏。”

拉尔夫在岛上发现的第一个人是个胖男孩，他说在学校时人们给他起了个绰号，叫猪崽子。猪崽子戴着一副眼镜，这在荒岛生活中派上了很大的用场——取火。

拉尔夫和猪崽子互相了解之后，确认他们的脚下是一座孤岛。“咱们得找找别人。咱们该干点事。”猪崽子提议道。他希望拉尔夫吹海螺来召人开会。

海螺声果然奏效，棕榈树林里又走出了几个孩子：约翰尼、双胞胎萨姆和埃里克、杰克、比尔、罗伯特、哈罗德、亨利、西蒙等。这些孩子六到十二岁不等。

如果是在一个游乐场，这些孩子一定兴高采烈地玩耍打闹。可是，他们是在一座荒岛上，他们之间将发生什么事呢?

二

孩子们在谁该当头儿上产生了分歧。

“我该当头儿，”杰克骄傲地说，“因为我是合唱队的领唱，又是领头的。我会唱升C调。”接下来是一阵闹哄哄的声音，杰克的自信并没有得到响应。罗杰提议“大伙投票表决”。尽管合唱队有人支持杰克，但手拿海螺的拉尔夫成了孩子的头儿，这是“选举”的结果。

有了头儿，孩子们开始干事了，搭窝棚、生火（猪崽子的眼镜派上了用场)、看火堆、打猎……在拉尔夫看来，看火堆是最重要的一件事，因为只有保持浓烟升起，他们才可能被发现并得救。

尽管孩子们时有分歧，但还能有序地安排自己的生活。“他们感受到黑暗中难以言传的种种恐怖，只好挤作一堆互相壮胆。”“在这儿，旧生活的禁忌虽然无形无影，却仍然是强有力的。席地而坐的孩子的四周，有着父母、学校、警察和法律的庇护。”

或许可以说，孩子们此时虽身在荒岛，但心中仍留有“社会”，只不过“社会”也在逐渐减弱而已。

三

杰克负责看火堆，但他认为打猎更重要，实际上他确实在捕杀第一头野猪上表现勇猛。不过，火却熄灭了。这让猪崽子十分气恼，两个人为此还产生了肢体冲突，结果是猪崽子的一只镜片被打落，碎掉了。

这次冲突让拉尔夫感到规则的重要。“现在我宣布定一条规则，因为我是头头。从今以后，除了在山上，别的地方一律不准生火。”“所以得记住。把岩石当作厕所。管着火堆冒烟，作为信号。不要从山上取火种，到山上去煮吃的。”

但定规则并让所有人遵守没那么容易。“每当试着把事情搞搞清楚，就会发生争论，把话题扯开，提出令人讨厌的新问题。”

象征权威的海螺，也被希望发言的人争来争去。“那个世界，那个可以理解和符合法律的世界，悄悄地溜走了。”

杰克开始公然挑战拉尔夫的权威了，他认为重要和值得炫耀的是：我们是强有力的，我们会打猎，至于规则，让它见鬼去吧！杰克逐渐成了“打猎派”的头头。他们脸上涂得白一道、红一道、绿一道的，就像原始部落的野蛮人。

四

“蝇王”悬挂在木棒上，像个黑色的球。“蝇王”，就是杰克一帮砍下的野猪头，它是被用来献给令人恐惧的黑暗中的野兽的。

暴雨将至，以杰克为首的猎手们也变得焦虑起来，忽隐忽现的闪电和隆隆的雷声将他们置于一片恐怖之中。杰克提议组成圆圈跳舞，边跳边唱。此时，有人尖叫：“野兽！野兽！”

“杀野兽呦！割喉咙呦！放它血呦！干掉它呦！”

一条条木棒揍下去，重新围成一圈的孩子们的嘴里发出嘎吱嘎吱咬嚼的声音和尖叫声。“野兽”在圈子当中双膝着地，手臂交叠地护着面孔。

西蒙死了。

海水涨潮了。

西蒙的尸体轻轻地漂向辽阔的大海。

杰克的实力更大了，逐渐超过了拉尔夫，后者只有猪崽子、萨姆和埃里克兄弟跟随。猎队在一个夜晚偷袭了拉尔夫的四人队伍。最后，萨姆和埃里克这对双胞胎，也迫于压力而加入了杰克的猎队。

五

杰克决意与拉尔夫划清边界，“自立门户”。拉尔夫倒不是强求杰克服从自己，但对杰克抢夺猪崽子的眼镜和偷火种强烈不满。

拉尔夫想听杰克解释，但杰克已没有耐心，而是用长矛直刺拉尔夫的胸膛……

对峙僵持不下。杰克一方，罗杰操控着一根杠杆，随着他用力下压，一块红色的巨石蹦跳而下，在猪崽子的下巴到膝盖之间这一大片面积上擦过；海螺被砸成无数碎片。

猪崽子脑壳崩裂，头部变成了红色。他死了。

紧接着，杰克杀气腾腾地把长矛对准拉尔夫刺去，戳破了拉尔夫肋骨上的皮肉。由于势单力孤，拉尔夫只能逃跑。

拉尔夫在隐蔽时悄悄接近已加入杰克猎队的萨姆和埃里克。这对双胞胎悄悄告诉拉尔夫：“他们恨你，拉尔夫。他们打算干掉你。”

拉尔夫知道，想避开杰克的封锁是很难的，他选择在近处隐身。但令人沮丧的是，拉尔夫发现滚滚浓烟围住了他，看来杰克是打算放火烧岛了。

脸上涂着颜色的“野蛮人”发现了拉尔夫，他别无选择，冲出了乱丛棵子，挥舞标桩，野蛮人被打翻在地。

拉尔夫忘掉了创伤和饥渴，飞快地逃跑，野蛮人的呼喊声在他身后此起彼伏。他被一个树根绊倒了，摇摇晃晃地站起来，等待承受更进一步的恐怖，抬头一看，站在沙滩上的是一个海军军官，他看到了他们的烟。

拉尔夫得救了。孩子们得救了。

岛屿正被烧毁。拉尔夫失声痛哭，“为童心的泯灭和人性的黑暗而悲泣，为忠实而有头脑的朋友猪崽子的坠落惨死而悲泣”。

六

《蝇王》被看作是对巴兰坦《珊瑚岛》的乐观主义的否定，后者描写了3个英国青少年在南太平洋珊瑚岛上的惊险故事，他们勇敢机智、患难与共，最终战胜了海盗和土人，回到了故乡。在英语中，“蝇王”是丑恶的同义词，戈尔丁以此为题，具有极强的象征意味。

置身荒岛之后，孩儿们相当于与“社会”拉开了距离，甚至逐渐处在“自然状态”之中，人性也逐渐开始显露其“原始”的一面。拉尔夫和杰克形成的鲜明对比，象征着理性、文明与本能、野蛮的较量。在荒岛生活中，杰克逐渐攀居上风。

小说最后的血腥场面，意味深长。人性中难以捉摸的原始恐惧，往往转化为具体的嗜血行为。杰克的猎队以带血的猪头献祭无形的“野兽”，不但未能求得安宁，反而助长了对野兽的恐惧；似乎只有让所有人都成为“弱者”甚至被“消灭”，才能增加一份“安全感”。然而，这种“安全感”不是理性、法律、警察带来的，而是排斥异己的结果。

当一种安全感只能靠残害和牺牲他人来实现的时候，也就是人性中沉睡的那头“野兽”发狂的时候。故事中猪崽子曾说：“除非咱们害怕的是人。”西蒙也说过：“大概野兽不过是咱们自己。”大有儿童哲学家的味道。

颇值得玩味的是，我们每个处在“文明”社会中的人，是否还能感受到自己身体里拉尔夫和杰克的较量？当意识到二者较量时，我们又如何选择呢？

（作于2017年8月23日）

在语言中修复生活

利用寒假的时间拜读了韩少功的《马桥词典》。本来在“专业”的束缚下已没有太多闲暇涉猎文学，但某日读了郑也夫的一篇博文后萌生了拜读此书的想法。据郑说，这是他给学生指定的必读书目之一，出于对郑眼光和水平的信任，加上对韩少功已有的了解，便从网上买来了这本书（韩少功：《马桥词典》，作家出版社2009年版），读后果然没有失望。

于我而言，这本书的特别之处不在于其词典编纂式的小说写作风格，而是让我闻到了我不曾触及也无从想象的生活的味道，尤其是它所呈现的丰富鲜活的“地方性知识”。

这些“地方性知识”既展示了马桥人独一无二的生命轨迹，同时也具有一种讽刺的功效——让所谓的主流、框架、模式等带有普遍性色彩的思维不得不一次次自我检讨。

我们且看作者笔下所展示的丰富的“地方性知识”。

作者写道：

> 马桥人对味道的表达很简单，凡是好吃的味道可一言以蔽之：“甜”。吃糖是“甜”，吃鱼吃肉也是“甜”，吃米饭吃辣椒吃苦瓜统统还是“甜”。（第13页）
>
> 同胞兄弟，在他们的嘴里成了“同锅兄弟”。男人再娶，把前妻叫作“前锅婆娘”，把续弦和填房叫作“后锅婆娘”。可以看出，他们对血缘的重视，比不上他们对锅的重视。（第22页）

这种独特的语言方式，放在普通话中来看似乎太缺少“规范”，甚至会被认为太“好笑”，但它恰恰说明了生活的“生”与“活”的特点。不同的言说者有不同的言说方式，每种言说方式都是言说者生命的一部分，甚至也可以说它承载了言说者生命的“重量”。而当某个言说者将自己的言说方式视为权威并沾沾自喜的时候，他其实已经抹杀了生活的多样性。

《马桥词典》让我想起了奥威尔的《一九八四》，只不过二者所呈现的图景似乎相反。《马桥词典》让我们看到语言是如何展开它的生命的，也让我们间接地感知日常生活的丰富性和流动性。而《一九八四》则描绘了一个森严恐怖的大洋国，一个监视和审查无处不在的胜利大厦，还有那个可怜的主人公温斯顿·史密斯。那里只有“新话”，而没有其他的语言。

《马桥词典》和《一九八四》看似“貌离”，实则“神合”。二者的相通之处是，讽刺了所谓的“逻辑”“规范”和“一致性”的权威，后者并不具有绝对的合理性，也不具备绝对的可能性。或者也可以说，正是“语言”的多样性和鲜活性，使所谓的“逻辑”“规范”和“一致性”的权威无法真正成为可能。

作者写道：

> “小哥”意指姐姐。显然是出于同一原则，“小弟”是指妹妹，“小叔”和“小伯”是指姑姑，“小舅”是指姨妈，如此等等。
>
> 我很早就注意到，马桥以及附近的地方较少关于女人的亲系称谓，大多是在男性称谓的前面冠以一个“小”字，以稍做区分。(第 24 页)
>
> 语言看来并不是绝对客观的、中性的、价值缺位的。语言空间在某种观念的引力之下，总是要发生扭曲。女人无名化的现象，让人不难了解到这里女人们的地位和处境，不难理解她们为何总是把胸束得平平的，把腿夹得紧紧的，目光总是怯怯低垂向檐阶或小草，对女人的身份深感恐慌或惭愧。(第 25 页)

这里对隐匿在日常生活中的男女身份关系的触及，看似稀松平常，却意蕴深刻。它虽然不像一根针扎在身上，可以一针见血，但却像一根头发插在耳朵里，总是搔到人的痒处。或许，真正的不平等关系并不总是像历史教科书所宣传的那样显而易见，也不是只有在成文的历史或正史中才可以找到，往往是细微烦琐的生活细节中暗含着权力支配的逻辑。而这一逻辑的改变，不比一个制度取代另一种制度来得容易。或者说，正式制度的更迭并不一定会即时地改变它所形塑的一系列生活规则，尤其是人们长久累积的生活习性。

作者写道：

> 田，柴，船，天，锄头等等，所有这些都和人一样，甚至应该有它们各自的姓名和故事。事实上，马桥的人特别习惯对它们讲话，哄劝或者咒骂，夸奖或者许诺，比如把犁头狠狠地骂一骂，它在地里就走得快了。比如把柴刀放在酒坛口上用酒气熏一熏，它砍柴时烈劲就足多了。（第61－62页）
>
> 按照马桥人的看法，地与田不同，地是“公地”，田是“母田”。在地上下种，必须由女人动手；在田里下种，当然必须由男人动手。（第76页）

这是生活的力量。假如存在生活的“真谛”的话，那么，与其说它是轰轰烈烈、战天斗地的开发耕作、搬砖运瓦，不如说更是像人对锄头“说话”和把田地分成“公母”那样平常和温暖。因此，生活的情趣也不一定是树立一个所谓的光辉形象供人顶礼膜拜，而可以是在田间地头或街头巷尾看蚂蚱打架，或在落叶飘过唇边时捕捉它秋天的味道……

作者对“话份”的分析同样精彩：

> “话份”在普通话中几乎找不到近义词，却是马桥词汇中特别紧要的词之一，意指语言权利，或者在语言总量中占有份额的权利。
>
> 握有话份的人，他们操纵的话题被众人追随，他们的词语、句式、语气等等被众人习用，权力正是在这种语言的繁殖中得以形成，在这种语言的扩张和辐射过程中得以确证和实现。“话份”一词，道破了权力的语言品格。一个成熟的政权，一个强大的集团，总是拥有自己强大的语言体系，总是伴随着一系列文牍、会议、礼仪、演说家、典籍、纪念碑、新概念、宣传口号、艺术作品，甚至新的地名或新的年号等等，以此取得和确立自己在全社会的话份。（第141页）

有些知识精英常常将所谓的“弱势群体”称为“沉默的大多数”。其实，并非“弱势群体”真的没有声音，而是他们的声音和掌握话语权的强势者的声音是不同的。在强势者看来，他们的声音是杂音、噪音，或者是无关痛痒的声音，因而没有必要竖起耳朵倾听。也因此，那些没有被听到或听取的声音也就被认为是“沉默者的无语”了。

作者谈到了他对小说的看法：

> 我写了十多年的小说，但越来越不爱读小说，不爱编写小说——当然是指那些情节性很强的传统小说。那种小说里，主导性的人物，主导性的情节，主导性情绪，一手遮天地独霸了作者和读者的视野，让人们无法旁顾。即便有一些偶作的闲笔，也只不过是对主线的零星点缀，是专制下的一点点君恩。……在这样万端纷纭的因果网里，小说的主线霸权（人物的、情节的、情绪的）有什么合法性呢？（第 56 页）

作者对马桥人和马桥生活的书写，似乎是在挑战那种沉浸在因果关系网里的文学叙事。当然，作者的挑战，并不是刻意地杜撰，靠人的理智创造一个新的叙事，毋宁说他正是通过对普通生活的细微觉察，戳穿了因果叙事高大身躯背后的阴影。

因此可以说，《马桥词典》不是韩少功的“编纂”，而是他的“体验”；不是他的“发明”，而是他的“发现”；不是对生活的“建构”，而是对生活的“修复”。

在我看来，《马桥词典》可以成为语言社会学的优秀文本。

（作于 2010 年 3 月 7 日）

母乳喂养的社会学遐思

一、人离动物有多远

人，首先是动物，然后才是人。但更多时候，人只记得自己是人，忘记自己还是动物。这是好事，也是坏事。说它是好事，因为人有思维能力，有是非荣辱观念，可以创造、继承和传播文化。说它是坏事，因为人“饱暖”后会“思淫欲”，甚至“吃人饭不干人事儿”。人有时也会自作聪明，喜欢把简单问题复杂化，比如，人也是哺乳动物，但在“哺乳”这一问题上，人却没有其他动物做得好。

初生的哺乳动物靠什么存活？很简单，母乳。母亲会本能地给自己的孩子喂奶，幼崽也会本能地吮吸母亲的乳头，所有哺乳动物都是如此，这自然而然，也天经地义。如果断绝新生命享用母乳的“权利”，便违背了生物进化的规律。哺乳其实很简单，狗给狗崽儿喂狗奶，羊给羊羔儿喂羊奶，马给马驹儿喂马奶，唯独人，常常不给自己的孩子喂人奶，而是喂牛奶。

人试图用“科学思维”干预哺乳这个自然的生物行为，因而在不同的配方奶粉之间比较和徘徊：这种奶粉的奶源是不是进口的？那种奶粉的配方是不是最佳的？这个厂家的奶粉有没有发现过虫子？那个厂家的奶粉有没有添加三聚氰胺？等等。在比较和徘徊时，实际上已经陷入配方奶粉的“圈套”中，左顾右盼，而忘了“自由在高处”。

今人的物质生活要比古人优越数倍，但在母乳喂养的问题上，我们却显得比古人“无知”（本文中的“无知”一词并无贬义色彩），即忘记了哺乳是哺乳动物的先赋能力，反倒试图用配方奶粉代替母乳，甚至认为前者优于后者。例如，有的观点认为，很多产妇天生无乳、乳质不好或泌乳量不够（往往大病、大悲者才可能如此），因而将奶粉喂养视若当然。具有讽刺意味的是，这种“无知”常常是以“科学”的面目出现的，人们煞费苦心地了解和比较配方奶粉的厂家、奶源、成分和工艺，以期获得最为“科学”的产品，但事实上，再“科学”的奶粉也远不及母乳。

和其他哺乳动物相比，人变得越来越聪明，离动物世界也越来越远。但就哺乳这一近乎本能的行为而言，人和动物的距离其实很近，因为哺乳是哺乳动物的“本分”，也是人与其他哺乳动物最主要的相同点。在这个意义上，哺乳并无等级高低之分，只有做与不做的区别。放弃母乳喂养者，非不能也，是不为也。

那么，是什么力量，让人在哺乳这个本来很简单的问题上变得“无知”以至于放弃母乳喂养了呢?

二、婴儿喂养的“麦当劳化”

美国社会学家乔治·瑞泽尔（G. Ritzer）在《社会的麦当劳化》一书中写道，可计算性、有效率性、可控制性、可预测性这些理性化原则，已经从快餐业蔓延到社会的各个领域，从人才“批量生产”的学校教育，到把人交给机器的医疗机构，再到以药物或器物控制性高潮时间的保健产品，麦当化原则无处不在。推而广之，婴儿喂养似乎也难逃这一逻辑。

首先，医院或卫生保健部门会给新生儿父母提供一份“婴儿身高体重对照表”，即所谓的身高体重“标准值”，如果婴儿体检时身高或体重“不达标”，便可能得到医生“孩子发育不良，赶快添加奶粉”的“忠告”。尽管婴儿的个体差异极大，但医生往往只用一个标准衡量所有个体，且美其名曰“科学”。

其次，婴儿配方奶粉广告铺天盖地，而且都声称奶源最佳、营养最全、配方最优、检测最严。奶粉的包装上，均有内容细致的营养成分表，以及不同月龄或体重婴儿的喂养参照表。因此，奶粉给人一种十分具体、精确、可量化的感觉。相比之下，母乳则浑然一体，用眼睛看、用嘴巴尝，无法了解其营养成分。况且，研究表明，母乳的营养成分远多于配方奶粉，其中的很多成分，用高科技手段尚无法识别和命名，更不用说用眼睛看、用嘴巴尝了。

更为重要的是，母乳喂养之初，母婴之间会存在一个“磨合期”，表现为母亲下奶缓慢或婴儿吸吮频繁，这往往会给孩子的妈妈或其他亲属造成一种错觉：奶水不够或不好。既然这样，为了不影响孩子的发育，赶快添加奶粉吧！其实，在母婴“磨合期”，刺激母乳分泌的最好办法，就是婴儿的吮吸，而添加奶粉之后，婴儿吮吸的次数便会减少，吮吸次数减少，奶水分泌的数量和速度便会减少、降低，这进而强化了母亲认为自己奶水不足、不好的判断。

配方奶粉喂养则不同，该加多少毫升水，水温是多少，该放多少克奶粉，每天应该喂几次，都有明确的“标准”可以参照，奶粉营养成分表和喂养参照表俨然成为“专家系统”的一部分。用英国社会学家吉登斯的话说，在高度现代性的社会中，专家系统是信任和安全感的基础。配方奶粉的“标准”，让对母乳喂养认识不够、信心不足的人有了“安全感”——更确切地说，是减少了“不确定感”。表现在婴儿喂养上，就是让婴儿吃奶粉并很快吃饱，然后迅速入睡，进而体重和身高在短时间内明显增加，婴儿的母亲因此也可以减少心理纠结和躯体疲惫之苦，一举多得，皆大欢喜。就这样，“奶粉乐观论”很容易就击败了摇摆不定的“母乳悲观论”。

三、理性化喂养的不合理性

然而，理性化中却包含着不合理性，就像瑞泽尔所说的那样，理性化原则的可计算性、有效率性、可控制性、可预测性，往往意味着高代价、无效率、非人化、现实感的丧失。婴儿喂养的“麦当劳化”也是如此。甚至可以说，以婴儿配方奶粉代替母乳，其实是把本来最具人性化的母乳喂养变成工具性活动，婴儿甚至成了奶粉生产和营销链条中的一环。

在配方奶粉使用的过程中，人的注意力更多地投放在选择何种奶粉上——对奶粉品牌的了解，对奶粉营养成分的比较，向其他人了解选择奶粉的经验，等等。对手段的过度关注，遮蔽了婴儿健康成长这一最终目的。配方奶粉喂养表面上提高了可计算性（标准化冲调）、有效率性（迅速吃饱）、可控制性（奶粉及喂养工具比母乳更稳定）、可预测性（奶粉可持续获得），但也带来一系列“不合理性”，如给婴儿脆弱的肠胃造成负担并埋下疾病隐患，弱化甚至切断了母婴身体接触对婴儿心理健康的影响，奶粉喂养减少或消除了婴儿对母亲身体的刺激，不利于产妇的身体恢复和亲子感情的培养。此外，和母乳喂养相比，奶粉喂养受时间和地点的限制，奶粉冲调和奶瓶清洁过程中的卫生要求难以满足，而且奶粉包装（袋、盒、罐）还耗费了大量资源，不利于环境保护。

理性化喂养的不合理性，让我们想起德国社会学大师齐美尔对现代文明的诊断。在《现代文化中的金钱》一文中，齐美尔说："目标为手段所遮蔽，是所有较高程度文明的一个主要特征和主要问题……在较为发达的社会关系中，一步几乎不可能到位。这种文明不仅仅需要一种手段，而且在这种文明中，这种手段的获得本来就难以一下子实现，而是还需要许多手段，这些手段彼此相互支撑，最终汇集为最后的目标。但是，越这样就越容易导致这样的危险：陷身于这些手段的迷宫中并由此遗忘了最终目标。"齐美尔说，金钱让人获得无数手段，以至于人们误以为金钱成了目标，但金钱只是通向最终价值的桥梁，而人是无法栖居在桥上的。

婴儿喂养这个看似日常的行为，其实也折射出"目标为手段所遮蔽"这一现代境况。对手段的选择，使人陷入了选择之中，而对手段利弊的分析及其对目标影响的意识却在钝化。对初生婴儿来说，母乳是最佳的食物，不仅因为母乳的营养成分是天然合成的，任何人工的方式都无法模仿（尤其是母乳中的多种抗体），而且因为，每个母亲奶水的营养成分都具有明显的个体性，是专门为自己的孩子"制造"的。此外，母乳的营养成分会随着婴儿的成长而自发调节，与其形成动态平衡的供需关系，婴儿在吃奶的过程中，除了吃饱之外还获得丰富的精神享受。这些都是配方奶粉无法比拟的。

四、强化"无知"的社会环境

像马克斯·韦伯所说的一样，理性化是现代社会难以抵挡的潮流。这一潮流将婴儿喂养也卷入其中。但在理性化力量之外，传统观念和家庭结构、育婴服务机构和母乳代用品管理制度的漏洞，也在强化着人们对母乳喂养的"无知"。这些结构性力量，往往很容易就左右了初为人父人母者的育婴观念。

在我们的传统观念中，孩子是父母和家庭的附属品，而不是独立的个体。即便母乳是婴儿的天然口粮，但家长可以以种种理由剥夺孩子享用母乳的"天赋权利"。其实，这一"天赋权利"是孩子出生前便已享有的，所以，无论家长选择什么样的奶粉，都只是自作主张，而没有"让孩子做主"。在婴儿喂养上，如果没有极其特殊的情况，家长是没有选择母乳代用品的权利的。

在很多家庭中，隔代照料是稀松平常的事。婴儿的祖父母或外祖父母，往往在孩子出生之前，便做好了“看孩子”的准备。但他们往往根据个人经验提供育儿指导，而未必掌握科学的育儿知识，有时甚至会帮倒忙。常常有一些老人说：“现在没奶的产妇可真多！”“你家孩子这么胖，吃什么牌子奶粉啊？”“孩子四个月了，还吃奶啊？都没营养了，赶快喂奶粉吧！”甚至还有些人以孩子吃国外代购的奶粉而沾沾自喜。如果新妈妈没有足够的母乳喂养知识或缺少有力的支持者，便可能在母乳和配方奶粉的较量中败下阵来。其实，这里有很多误解：产妇没奶是极为罕见的；孩子发胖未必是好事，却可能存在肥胖的风险；也没有证据表明，四或六个月后的母乳就没有营养了。前文说过，母乳会根据孩子的年龄而自动调节，甚至在每天的不同时间，奶水的营养构成也是不一样的，这就是母乳的神奇之处。

还有一种带有“女性主义”色彩的观点认为，拒绝母乳，让孩子的父亲或其他人承担婴儿喂养的责任，是妇女解放和女性权利的体现。这种观点，我们难以苟同。很简单，母乳喂养不仅是婴儿的天赋权利，也是女性的天赋权利，只有在母乳喂养中，女性的母爱才能被激发出来，女性才能获得完整的性别身份，而主动放弃母乳喂养，恰恰是女性对自身权利的漠视。

此外，制度环境也在强化着人们对母乳喂养的“无知”。早在1995年，中华人民共和国卫生部便联合相关部门发布了《母乳代用品销售管理办法》。《办法》规定，母乳代用品的生产者、销售者不得向医疗卫生保健机构、孕妇、婴儿家庭赠送产品、样品、发布母乳代用品广告；禁止在广播、电影、电视、报纸、杂志、图书、音像制品、电子出版物等传播媒介上进行母乳代用品的宣传；医疗卫生保健机构应抵制母乳代用品生产者和销售者在本部门、本单位所做的各种形式的推销宣传，等等。违反相关规定者，工商管理部门可以根据相关法律法规予以处罚。

但实际上，这个办法几乎形同虚设，没有发挥作用。配方奶粉生产商和经销商依然广而告之，医疗卫生保健机构与奶粉商的“合作”依然堂而皇之。这甚至让人产生一种错觉：配方奶粉做广告是正常的，没有广告反而令人费解。这就是信息喋喋不休的灌输力量。或者，用法国社会学家布迪厄的话说，这就是“社会结构与心智结构的对应关系所衍生的支配政治学”。笔者曾有这方面的亲身经历。在某医院，医生很坦然地分发供新生儿食用的奶粉赠品，而且居然以婴儿体重未达标为由（其实在正常范围，只不过没达到上限），劝说家长给孩子添加奶粉，大有“唯恐天下婴儿不肥胖”的架势。笔者稍留意了一下，便发现医院走廊的宣传栏上，赫然地印着奶粉厂家的名称。即便我们不怀疑医生的动机，但上述做法，起码反映了在我们的社会中，医疗卫生保健机构对母乳喂养认识不够或存在误区。

五、传统、现代与“新奶妈时代”

人类使用牛奶作为饮品的历史可以上溯到几千年前，但批量化生产便于携带和长时间储存的奶粉，包括婴儿配方奶粉，则是工业革命以来的事。可以说，奶粉是“现代的发明”。矛盾的是，在我们的社会中，作为“现代的发明”的奶粉，却与传统观念挽手并肩，共同强化人们对母乳喂养的“无知”。有的传统观念认为，母乳有好坏之分，如果孩子吃奶的方式不符合“惯例”或“榜样”，就大有问题，就需要“拿来主义”——添加奶粉。

今天的配方奶粉和以前的奶妈倒有些相似。在封建社会中，官宦家庭佣人代哺是一种特权的显示，儒家经典《礼记》中便有“士夫之子有食母”之说，“食母”就是我们所说的奶妈。在民间，往往是生母体弱多病，自己哺育有困难，才雇请奶妈帮助育养。今天，等级制度消失了，人们的物质生活和卫生条件也已极大改善，奶妈已属罕见，但配方奶粉似乎成了新时代的“奶妈”：富有者将消费高价配方奶粉作为“身份”和“面子”的象征，一些家庭将配方奶粉当作减轻或消除产妇辛苦的安慰剂，也有人认为配方奶粉是“科学产品”，比母乳更有营养价值。如此种种，加上在不规范市场环境下奶粉经销商极尽广告之能事，配方奶粉的“奶妈”地位就牢固地确立了。

这样一来，现代社会中的婴儿喂养似乎进入了“新奶妈时代”。不过，“奶妈时代”婴儿吃的还是人奶，而“新奶妈时代”婴儿吃的却是牛奶。和古人相比，人们对母乳喂养重要性的认识似乎并未提高。这也是我们社会“压缩的现代性”的一个侧面，即传统、现代甚至后现代交织在一起：我们的科技在进步、经济全球化的步伐在加快、人们的生活方式也趋于多元开放，但内在的思想观念与外在的市场环境并没有与此同步。

相比之下，作为“现代化先行者”的欧美发达国家，极为重视母乳喂养，而且对母乳代用品和社会育儿服务有着严格的监管制度，甚至将母乳喂养的意义提升到事关国家未来的高度，这无疑是我们需要用心学习之处。有时，衡量一个国家现代化程度的，往往不是 GDP，也不是摩天大楼或宇宙飞船，而是像“是否认真对待母乳喂养”这样的细小之事。

（作于 2011 年 12 月 3 日）

社会空间二元化："飞机场式"与"火车站式"

在改革开放前政治挂帅、阶级斗争高歌猛进的年月里，社会空间往往被打上政治与阶级的烙印，所谓"社会空间的政治化"，如街头巷尾的字报标语、革命老区的"神圣化"等。这种"政治化"既表现为国家对社会的治理以建构政治合法性与社会秩序，又表现为国家在城乡之间设置以户籍制度为核心的空间壁垒以发展城市工业、稳定社会秩序、调配稀缺资源等等。

这两种社会空间的政治化虽为国家权力对社会统治与治理的要求，却导致不同的后果：第一种"政治化"为一般意义上国家治理的体现，尤其对一个新政权来说，将社会空间打上政治的痕迹是建构权力合法性之必需。这种社会空间政治化通过口号、标语、建筑等形式营造出了国家社会主义的凝聚力与向心力，最终建构一"总体性社会"。第二种社会空间的政治化则导致刚性的城乡二元分割格局。资源、制度、机会向城市倾斜严重剥夺了农村的发展，使得城乡之间不仅经济发展水平相去悬殊，而且社会身份等级观念亦壁垒森严，进而影响到整个社会的协调发展。

1978 年改革开放以来，制度变迁推动了"总体性社会"的消解，以政治挂帅和阶级斗争为突出特点的社会空间呈现出"去政治化"的过程，既体现在社会空间政治标记的淡化，又表现为城乡二元格局的弱化，乡城社会流动的增加以及农民工数以亿计群体规模的形成。可以说，从社会空间的"政治化"到"去政治化"的变迁表达了中国改革以来自由社会空间的增长。国家政权从基层社会逐渐退出，城乡共同发展，社会资源的开放与流动的过程同时也是高度集中的计划经济弱化与市场因素逐步生长的过程。

但是几十年的以阶级斗争为纲路线和城乡二元分割格局的转变并非朝夕之事，社会空间"去政治化"也并"非单线进化"式发展。一方面，国家权力从基层社会的撤出并不意味着国家与社会的分离，相反，是以另一种形式或策略实现对社会的控制和治理，如城市空间中“园艺文化”对“荒野文化”的改造。另一方面，城乡社会开放与流动性的增加并没有使二者齐头并进，而是在历史与制度路径依赖的限制下非均衡发展，前者在各方面都有后者所无与伦比的“优越性”，后者则身背重负、步履维艰。纵使数以亿计的农民工得以进城谋生甚至建功立业，但农民工依然是“农村来的一群人”，表现在社会空间上，农民工的居住空间象征性地标记了农村的“落后”和农民工身份的“他者性”，并界分出二元化的社会空间，这委实为社会空间在微观权力意义上的“再政治化”。

在城市农民工群体空间象征标记所折射的空间二元化中，我们看到两种二元化界分，或可概括为“飞机场式”与“火车站式”。“飞机场式”空间是精英与大众、中心与边缘明显的远距离界分，如城市中心与远郊的区别，一如飞机场中富有者为绝大多数，与这一空间之外的多数低消费人群之间存在明显的距离和界限；而“火车站式”空间中则混杂了不同的人群，乘硬座、软座、硬卧、软卧的不同人是近距离地接触，甚至曾经摩肩接踵、擦身而过，只是进入不同的候车室与车厢后才界线分明。“飞机场式”空间是中心与边缘的明确二分，而“火车站式”空间则是中心与边缘交织混在一起，或者说“边缘”在“中心”之中而不是之外。

对照中国社会实际来看，改革开放前的城乡社会空间类似于“飞机场式”，城市远离农村，市民身份与农民身份泾渭分明，少有近距离的接触与混杂；而在农民工大量散布的城市空间中，农民工的陋室往往就在高楼大厦的旁边，恰恰是这种近处的对比与映衬“逼出”城市精英对于外来农民工的主体地位和精英立场，以及农民工群体的“弱势处境”和“他者形象”。因此，表面上的近距离居住，实际上凸显了深刻的身份与心理界限，这便是农民工广泛散布的城市社会空间“远”与“近”的辩证法。如果说“飞机场式”空间表达一种显性外在的空间二元化，那么“火车站式”空间则预示隐秘的二元界分，后者所彰显的群体身体与空间标记及身份与生存境遇的差异更加充满矛盾和尴尬。

空间象征标记的二元界分——无论是外显的，还是内隐的——形塑了农民工群体的自我观念与心路历程。相对于城市生活的市民待遇的缺席与所遭遇的社会排斥的动态存在，农民工的城市轨迹中时常经历心理焦虑、认同冲突与情感挣扎。空间实践中农民工奋斗的生命轨迹仅仅拓展出一片“有限的翠绿”，却又背上“现代性的他者”的身份重负。作为一种盛大“仪式”的春节及农民工返乡过年的交通场景在一定程度上缓解了农民工的认知冲突与身份焦虑，但短暂的停留又意味着更久远的出发，或许对很多农民工来说，在未来的一段时间内，空间的漂移依然是其生活的常态。

社会空间的二元化不仅体现在农民工的生活轨迹中，而且同样存在于和农民工一样处于城市社会底层的群体尤其是下岗失业人员的生活中。城市内城中心地带的开发和大规模拆迁常常把低收入者赶出家门，这不仅破坏了他们的社区归属感，也拆解了他们建立在亲缘、地缘之上的社会网络甚至谋生方式，进而导致城市空间——正如雅各布斯所说的——“多样性的自我毁灭”、空间的极化与空间隔离及其再生产（抑或是残酷的领地之争?）。精英群体在房屋周围设置栅栏与门卫以阻挡一切“危险阶级”的冒犯并捍卫自己的“隐私霸权”。在空间极化与隔离中，一部分人的安居乐业总是相应制造出另一部分人被歧视和排斥，加上精英群体更有机会实践国家对“视觉秩序”的追求，社会底层与边缘群体便难逃“他者化”标签的建构。

因此，社会空间的二元化象征性地建构了社会区分与身份等级，以及不同群体的空间认知与身份认同。在这个意义上，社会空间的权力维度便更加显而易见。社会空间的二元化、空间的极化与隔离不仅界分群体身份与自我认同，还在更深层的意义上影响到公共空间生成与发展。公共空间是公民社会的重要基础，但在空间极化与隔离的作用下，公共空间往往只是“陌生人”和孤立的消费者们相遇的场所，而缺少公共性交流与对话。诚如有论者所言：“当代中国‘civil society’的研究者们更注意有形的社会组织尤其是所谓中介性社会组织的发展，而较少注意经由言论的传播、意见的交换等渠道而实现的公共空间的拓展这一类问题。”① 由于这些问题的存在，我们或许可以说，破解社会空间的二元化以及空间极化与隔离，是营造社会平等、建构和谐社会所无法绕过的征程。

（原载《社会学家茶座》2008 年第 3 辑）

① 刘畅．中国公私观念研究综述［M］//．刘泽华，张荣朋等．公私观念与中国社会．北京：中国人民大学出版社，2003：392.

想象的征服：网络民意背后的社会结构

近几年，互联网尤其是“微博”对社会生活的影响不断增加，很多社会事件（如“李刚事件”“药家鑫案”“郭美美事件”等）正是通过互联网这一平台而迅速地传播，并引发网民的激烈讨论，甚至监督和促进了社会问题的解决。人们常说，网络民意带有明显的非理性色彩，但事实上，透过网络民意，恰恰可以窥视现实的社会结构与社会生活。

2011 年上半年，值得圈点的社会事件不少，“药家鑫案”便是其中之一。“药案”引起了强烈的社会反响，并最终于2011 年4 月22 日，以药家鑫最终被执行死刑而告终。“药案”反响之强烈的原因有很多，如残忍的杀人方式，凶手的学生身份和“雷人”语言，此外还有重要的一点，是媒体尤其是网民的大量参与，博客、微博、网站论坛上关于“药案”的讨论可谓不计其数。

在“药案”所引发的网络民意中，主张“处死药家鑫”“不杀不足以平民愤”，“杀人偿命，欠债还钱”者大有人在。也许其中有“复仇心理”的存在——杀人者该被杀，残害他人者该被残害。但在这一传统心理之外，我们似乎可从当下现实中寻找舆论所以“哗然”的根源。在网络社会中，我们不要忘记，一方面，虽然网络中的交往带有虚拟性，但网络民意却是社会现实的反映，民众情绪往往是社会结构的折射，也是社会结构的结果。因此，我们有必要透视网络民意背后所隐藏的社会结构。

显然，绝大多数高呼“处死药家鑫”的人都不是“药案”的受害人，也未必遭遇过亲人被袭或被杀的悲剧，那他们为什么持有这样的观点？当然，可能有人是从法律和正义的角度出发，得出“处死药家鑫”这一结论的，这是理性分析的结果。但对于网络空间中即时性参与的网民而言，很多人高呼“处死药家鑫”却不是个人理性思考能够形成的，其背后或许隐藏着某种集体性心理——“药案”的出现，为他们曾遭遇的某种欺凌或不公正对待提供了一个宣泄情绪和释放不满的出口，因此，“处死药家鑫”就成为弱者（“药案”中的死者显然属于弱势群体）对强者胜利的象征，我们姑且将这种心理称为“想象的征服”。

“想象的征服”，实际上是一种自我心理暗示，它以现实的人物或事件为基础，构建出强弱对峙的双方，然后想象弱势一方对强势一方的胜利，想象者也会因此获得胜利的快感。想象者以具有“残暴形象”的现实人物（如药家鑫）作为“假想敌”，即便这个现实人物和他并无直接利害关系，但通过对这个人物的批评和否定，可以排遣在现实生活中无法化解的不满情绪。因此，害人者虽未直接害己，却同样该遭痛骂、控诉和惩罚。

不难想象，药家鑫成为千夫所指的对象是因为：首先，大学生开轿车是家庭较为殷实的象征，难怪“药案”发生时，网上传言“富二代肇事杀人灭口”；其次，当记者问及“为什么撞人后还要杀人”时，药家鑫口出“农村妇女很难缠”这种带有污名的说法，而这被理解为“城市富家子弟高高在上的姿态”；再次，在杭州富二代飙车案，“李刚门”等事件中，肇事者都是二十多岁的年轻人，而药家鑫在年龄与家庭身份上又与此有某些相似之处。基于这些原因，再加上一些媒体极尽渲染之能事，药家鑫的“罪恶形象”便呼之欲出了。

结果是，一个药家鑫，成为诸多社会不满甚至社会仇恨的众矢之的。这种“他人犯罪，人人得而诛之”的心理，看似充满暴戾之气，实则是无能为力的体现。对于一些弱势群体来说，心中的不满与仇恨，也许只能通过“假想敌”来宣泄，而弱势者的弱势地位和社会不公并未因此而改变。因此，“想象的征服”并未解决现实的社会问题，反而可能与社会问题“合谋”并造成更多“无能感”的积聚和蔓延。

“想象的征服”的极端体现，就是社会的无辜者受到伤害。在“郑民生事件”中，“想象的征服”心理，已完全被非理性情绪左右，对幼童的屠杀被郑民生想象为对“社会”或体制的征服。然而，可悲的是，一个弱者在终结了自己的同时，也制造了更多的悲剧，而悲剧制造者，也是悲剧中的角色。

药家鑫可怕（在肇事杀人那一刻），而“想象的征服”同样可怕，因为它可能将压抑的情绪放大，使人减弱或丧失理性，甚至将怨恨的矛头指向社会的弱者，造成“弱者对弱者的欺凌”，而“社会结构”这个罪魁祸首可能

"沉默不语"甚至"逃之夭夭"。

当人们只能通过他人的罚与被罚、伤与被伤、杀与被杀来化解自己内心的愤懑甚至仇恨时，我们要追问这些负面情绪之所以长期积聚又难以疏泄的社会根源。德国社会学家马克斯·舍勒（Max Scheler）曾经提出了一条关于"怨恨（ressentiment）"的社会学定律："一个群体的政治、法律或传统的地位与其实际的权力越是不一致，则怨恨的心理动力就越强。"权力和地位上难以逾越的鸿沟的存在，以及众多的社会不公正，是集体性怨恨的结构性根源。这也提醒我们，即便网络民意是社会问题的风向标，即便网络是发现和反映社会问题的重要渠道，但社会问题的解决，还依赖于网络之外的具体的制度安排。

（原载《社会学家茶座》2011 年第 4 辑）

社会分化：从结构到心态

2010年10月16日晚“河北大学车祸事件”发生后，旋即引起了媒体和舆论的轩然大波。一死一伤的车祸后果自不必言，而网上流传的、肇事者李启铭（又名李一帆）被拦住后的一句“我爸是李刚”则触动了公众的心理底线，至于河北大学的“集体封口”更是招致一片骂名。

“我爸是李刚”这句话已经成为网络流行语，被很多网友以搞笑的方式改编，甚至以造句比赛的方式在互联网上流传，如“床前明月光，我爸是李刚”，“假如生活欺骗了你，不要悲伤，我爸是李刚”，“我爸是李刚，你值得拥有”，等等。嬉笑怒骂的网络用语，我更愿意将其理解为以搞笑的方式对肇事者猖狂的声讨，所谓“长歌当哭不泪流”，“嬉笑”本身也是一种“怒骂”。

民众对事件的热议和对肇事者的声讨，在某种程度上折射出一种集体心态，就是对猖狂的权力和资本的愤怒、奚落和仇视。“富二代”飙车撞人是资本的猖狂（如2009年杭州宝马撞人事件），而“官二代”肇事尤其一句“我爸是李刚”（哪怕是无意识的）则暴露出权力的凶悍本质。

诚然，并不是所有的“富二代”和“官二代”都倚仗财富和权力而无所顾忌，媒体尤其是互联网的报道也存在渲染放大之处。但，愚以为，与其说民众的反应是对事件的放大，不如说，正是这样的事件，使民众积聚的情绪终于冲破闸口，也使得个体化情绪的释放有了相对集中的目标，进而形成一种集体性的情绪表达。

当然，并不是所有对“猖狂的强者”表达愤怒和怨恨的人都一定是直接的利益受损者，之所以表达愤怒和怨恨的情绪，在于其同样的“弱者地位”，以至于，利益受损的弱者和无直接利益关系的弱者形成一种“想象的共同体”，这样，集体性的怨恨情绪才得以形成。

民众的情绪表现得愈强烈，意味着其内心积聚的愤怒和怨恨也愈加严重，而愤怒和怨恨，则根源于实际生活中的权力和财富分配的不均衡。马克斯·舍勒（Max Scheler）曾经提出了一条关于“怨恨（ressentiment）”的社会学定律：“一个群体的政治、法律或传统的地位与其实际的权力越是不一致，则怨恨的心理动力就越强。”权力和财富上难以逾越的鸿沟的存在，以及众多的社会不公正，是集体性怨恨的结构性根源。

民众情绪是社会结构的反映，也是社会结构的结果。具体来说，社会分化——既包括权力分化，也关涉贫富拉大——已经从外在的结构性事实，渗入到人们的情感之中，或者说，极端分化的社会结构已经转化成了心灵和情感上的极端分化：对于肇事的“富二代”和“官二代”而言，他们在心态上已然自命和自视为“强者”；至于那些弱势群体，无论是否愿意，在心态上已处于被动的“弱者”地位。这种强弱之分，也已然成为强者和弱者的“社会观”，只不过前者是欣然接受，后者是被动承受罢了。

由外部结构渗入到内心深处的社会分化，通过集体情绪表达出来，就像我们从电影里看到“潘冬子们”憎恨“胡汉三们”一样，从表情、眼神和体态上，都能释放出愤怒和怨恨之气。“河北大学车祸事件”发生后，互联网上众怒沸腾便是集体情绪的集中表达，只不过这种表达是借助网络的手段罢了。

内化于集体心理的社会分化表明社会不平等已经成为社会的“常态”，意味着强弱之分已经固化，意味着弱势者在利益受损时往往只能选择“忍”和“逆来顺受”（因为抗争的方式可能是不被允许的，或者是高成本、高风险、得不偿失的）。但“忍”和“逆来顺受”是有限度的，当底线被打破，便可能出现郑民生砍杀儿童这样极端的报复社会的行为。

相对于外在物质条件的改善而言，内心深处的社会分化或心态结构，是一种更难改变的社会事实，因为它是外部不平等的社会结构“喋喋不休的灌输”的结果。反过来说，内心深处的社会分化或心态结构的改变，便需要从改变外在的社会结构开始——缩小贫富差距，克服权力滥用，减少社会不公，捍卫法律尊严，畅通利益表达渠道……

（原载《社会学家茶座》2011 年第 2 期）

戾气：社会转型期的“伤害行为”

一、“伤害行为”的含义

一般而言，凡是造成人际关系紧张，引发一方或多方身体的或精神的不适与痛苦的行为，均可称为“伤害行为”。例如，在电影《秋菊打官司》中，村长王善堂踢伤秋菊的丈夫万庆来，是身体上的伤害，而村长踢人的原因是万庆来辱骂他“断子绝孙”（村长家生了四个姑娘，没有儿子），对村长来说，这是一种精神上的伤害。伤害行为最直接的体现是身体暴力，但不止于此，还包括语言暴力甚至“冷暴力”。在实际的生活中，伤害行为往往同时带来身体的和精神上的痛苦。

身体或精神上的伤害，往往是司空见惯的现象，它们构成了日常生活的一个侧面。由于有些伤害比较轻微，能够在短时间内化解和消失，或者其表现比较温和，因此不会引起太多注意和反响。不过，有的伤害行为会打破惯例化的日常生活，引发人们生活世界的急剧变迁。例如，2010 年的“药家鑫事件”，在一夜之间改变了两个家庭的生活状态和人生轨迹。进一步说，如果类似的恶性伤害行为不断出现，它便超出了日常的伤害行为，而成为严重的社会问题。

本文所言的“伤害行为”是指一种社会现象或社会问题。实际上，有些伤害行为往往与社会结构和社会变迁密切相关。比如，近几年多次发生的城管与流动小贩互相伤害的事件，在改革以前的计划经济时期是不存在的，而在传统社会中，尚不存在今天意义上的城管制度，更不用说城管与小贩之间的伤害行为了。伤害行为的社会性还体现在，伤害源于社会不平等，伤害的原因、过程和结果被不平等的力量形塑。这种不平等体现在经济（财富）、政治（权力）、文化（教育）等各个方面。严重的社会不平等会使矛盾双方的博弈能力悬殊，矛盾的激化导致伤害行为的发生，而弱势者更容易在不平等的环境中受到身体或精神上的伤害。

二、“伤害行为”的类型

如果说社会不平等是伤害行为的重要根源，那强势者对弱势者的伤害便不难理解。不过，处在弱势地位的一方，难以通过常规方式来表达利益诉求，更容易采取极端的伤害行为，因此强势者也可能受到弱势者的伤害，虽然前者伤害后者的可能性更大。同时，弱势者也可能对其他弱势者造成伤害，即受伤害的弱势者没有能力和机会在强势者面前捍卫内心的正义感，而将不满和愤恨指向其他弱势者，造成所谓“弱者对弱者的欺凌”。此外，如果制度的约束力失效，或化解利益冲突的机制缺失，强势者之间也会以伤害对方或互相伤害的方式处理矛盾。

因此，我们可以初步得出伤害行为的四种类型。

“强－弱型伤害行为”：指在社会不平等的条件下，占有社会资源多者，对占有社会资源少者的伤害行为。在社会公正缺失的制度环境下，这种类型最容易发生。这种类型的一个例子是“孙中界事件”。2009 年，在上海打工的河南小伙孙中界被当地交警“钓鱼执法”，扣车罚款。孙中界情急之下，断小指以示清白。他的“身体维权”行为被媒体报道之后，引起广泛的社会关注，最后，经过多次调查，事情真相大白，孙中界也得以洗清冤屈。

“弱－强型伤害行为”：如果弱势一方在已有制度环境下对强势一方的压制（压迫）无计可施，便可能通过暴力行为释放不满。相关的例子是“杨佳案”。2008 年，北京青年杨佳因不满于在上海所遭受的警察暴力执法，冲进派出所行凶，导致 6 人死亡，5 人受伤。再如，2012 年，湖北省宣恩县珠山镇宝塔村农民吴西华刺死曾殴打过他的警察杜平。

“弱－弱型伤害行为”：这种类型的伤害往往表现为，弱势者利益受损又难以表达利益诉求，内心的愤怒和怨恨不断积累，但将伤害的矛头指向其他弱者，以报复社会的方式泄愤。例如，2005 年，甘肃农民工王斌余因父亲腿被砸断急需用钱，找老板多次讨要工钱未果，找劳动部门和法院也无济于事。走投无路的他又折回包工头家讨薪，被骂“像条狗”，遭到拳打脚踢。极度绝望和愤怒之下，他连杀 4 人，重伤 1 人，而死伤者竟是曾经帮过他的工友。鲁迅先生曾经说过：“中国社会底层的人，也会经常互相伤害着。他们是羊，同时也是凶兽。”可悲的是，悲剧人物没有结束自己的悲剧，反而制造了更多的悲剧。

“强－强型伤害行为”：即便矛盾的双方都是强势者，但由于一方或双方突破自身的权力边界，或未能采取制度化方式解决问题，所以可能诉诸暴力或非法手段。如2013年7月23日，西宁市城北区大堡子派出所警员任杰在处理群众打架的过程中，被城建局人员围殴，随身手枪也险被夺走。这个事件在一定程度上折射出某些政府公职人员在权力欲的支配下，猖狂到无视法纪的程度。

上述四种类型的划分，并没有一个严格的标准，我们意在通过这四种类型指出，如果社会生活中无论强势者对弱势者，还是弱势者对强势者，抑或强势者之间与弱势者之间，都以“伤害的方式”解决问题，可能意味着调节社会秩序的法律与民情都出现了严重问题，也意味着公共权力的威信和社会基础秩序都亟待重建。

三、“伤害行为”的发生

一般而言，“强－弱型伤害行为”最容易发生，道理很简单，强势者占有更多资源，有更多机会在矛盾冲突中占据上风。尤其是，如果伤害行为借助公共权力发出，那被伤害一方往往难以反抗，因为被伤害者表面上是在和个人对抗，其实所面对的是一个强有力的制度或机构。与此相关，“弱－强型伤害行为”往往是因为受害一方难以通过正式的制度化渠道表达利益或释放不满，才采取以肉相搏甚至以命相搏的行为。“弱－弱型伤害行为”意味着，弱势者将现实中遭遇的不公和苦痛指向非利益相关者，以发泄仇恨或希望由此引发有关部门的注意。而“强－强型伤害行为”表明，操持公共权力的一方或双方，无视公共权力的边界，把公共权力当成了满足个人欲望的工具。

这四种伤害行为类型或多或少都与公共权力滥用、制度不公或利益表达渠道缺失有关。公权滥用、制度不公最容易导致“强－弱型伤害行为”，其次导致“强－强型伤害行为”；利益表达渠道缺失容易导致“弱－强型伤害行为”和“弱－弱型伤害行为”。其中的逻辑是，公权滥用的后果是埋下民众对公共权力部门的不满与不信任的种子；制度不公往往使民众难以通过正常渠道表达利益、释放不满，因而只能以极端的方式解决问题；利益表达渠道缺失会使问题累积、发酵，制造社会怨恨情绪，甚至可能使小事件引发大问题。

对转型期的中国社会而言，特别需要思考和注意的是，公共权力滥用、制度不公或利益表达渠道缺失，往往与“稳定思维”相结合，使一些正当的利益表达行为受阻，进而演化成伤害行为。在“稳定思维”下，有时民众正当的利益表达都被当作“不稳定因素”打压下去，表面的“行为上的不稳定因素”消除了，其实是制造了“内心的不稳定因素”。在这种情况下，利益受损者，或者可能采取极端方式维权（自残或诉诸暴力），或者可能将伤害的利刃指向其他的弱势者，“伤害弱者”反倒成了“弱者的武器”。

四、“伤害行为”的防治

我们之所以说伤害行为是一种社会现象或社会问题，在于它不是简单的个人恩怨，近些年经常发生的伤害行为，反映了社会结构失衡和凝固化所带来的夹着不满、愤怒、甚至仇视的社会心态，这种心态越来越以“怨恨式批评”或“暴力式伤害”的方式表现出来。这种怨恨心态既是社会不平等的结果，也是民众对社会不平等的感知和反抗。

个人的伤害行为，不仅使被伤害者遭受身体或精神上的苦痛，甚至失去生命，往往也给伤人者自己和双方家庭制造了很多悲剧。表面上看，伤害行为以犯法者受到惩罚而告终，但这未必消除了伤害行为发生的制度根源，如果根源未除，伤害行为可能一再发生，而伤人者与受伤害者都成了制度不公的牺牲品。例如，2009 年的“夏俊峰案”，2010 年的“马判松案”，都是小贩在和城管的冲突中刺死所谓的“执法人员”。此类事件频发，不得不反思相关制度安排的合法性问题。

在一个法治社会中，无论是哪种伤害行为，只要触犯了法律，就必须受到制裁，只要违背了道德，就需要进行引导。而在“社会”的层面，防治“伤害行为”的根本在于社会建设，尤其是建立利益均衡机制，至少包括信息获得的机制、要求表达的机制、利益协商的机制、矛盾调解和仲裁的机制，等等。或许，可以预期，当权力真正被关在笼子里，当制度公正合理地运行，当民众尤其是弱势群体的利益得到更多表达和伸张，极端的伤害行为会逐渐减少。

（原载《社会学家茶座》2014 年第 1 辑）

乡土权威的衰落与“邻里伤害”

2013 年 10 月 18 日上午，广西桂平市中沙镇新安村农民李某与同村村民李某某为一棵野生橄榄果树的归属问题发生争吵，李某用随身携带的砍柴刀将李某某砍伤，导致后者重伤，抢救无效死亡。李某在村后的深山躲藏两天，因饥饿难耐回村寻找食物，被警方抓获。这不是一起蓄意伤害或谋杀事件，因为李某见李某某倒地流血后亲自拨打了 110 报警，其逃跑也毫无准备。两个村民因一件小事竟然如此大打出手，着实让人费解。是二人积怨已深，橄榄果树利益攸关，还是一方或双方患有精神疾病？根据媒体报道和警方调查，都不是。

我们当然不能从这个事件中得出某种普遍性结论，因为这只是个个案，但是，我们似乎又不能仅仅将其看作一个绝对偶然的事件。事实上，近年来一些农村地区已多次出现类似的邻里伤害或凶杀事件，如果只看到某个事件的偶然性，那它就不具有充分的反思性意义。因此，我们需要思考农村“邻里伤害”这类事件背后更深层的社会根源。

在这里，我们将上述案例看作农村“邻里伤害”事件的典型。在理想类型的意义上，这类事件有两个让人困惑的特点，一是小矛盾引发激烈冲突；二是相互熟悉的村民不能有效化解矛盾，而是刀枪相向。我们需要思考的问题是：村民之间的矛盾为什么没有比较弹性的缓冲区或过渡带，而直接导致比较严重的后果？

在回答这个问题之前，我们可以先做一个假定，即上述两个村民生活在一个中国传统的乡土社会中。这个社会有三个核心特点：首先，它是一个“熟人社会”。人们在其中安土重迁，交往频繁，低头不见抬头见，因此产生熟悉感和共通性；村里的人谁有怎样的脾气秉性，谁家发生了什么大事小情，人们往往一清二楚。其次，这个社会有比较传统的村规民约，也有大家一致认同的伦理习俗或共享意义，这些村规民约、伦理习俗和共享意义既是村民共同生活的精神基础，也在不断制造个体村民的“社会性”或“集体意识”。再次，当发生家庭矛盾或邻里纠纷时，往往有精英人物出面调解，这个人或者是族长，或者是有特殊才能的人（如能言善辩），或者曾在过去的事件中发挥重要作用，总之，他是一个权威人物。这个权威人物的意见，哪怕无法做到绝对公允，也会获得矛盾双方的认可。这三个方面，正是费孝通笔下的乡土中国的重要特征。

一般而言，乡土中国是带有“无讼”“长老统治”和“礼治秩序”色彩的生活共同体，其中的人们长期浸淫于村规民约、伦理习俗和共享意义中，形成对“地方性知识”的无意识遵从。如果上述事件中的两个人生活在这样的共同体里，他们会深刻地服膺地方伦理规范的约束，当发生矛盾时，往往会以共识性规范化解之；如果矛盾难以自行调节，也会请来双方共同认可的权威人物进行调节。因此，在乡土伦理和权威人物的作用下，极端的“邻里伤害”事件往往可以避免。

不过，从 1947 年费孝通先生出版《乡土中国》至今，已有七十个年头，费老笔下带有“乡土本色”“无讼”“长老统治”和“礼治秩序”等特点的乡土中国也已发生深刻变化。

在人际关系上，乡土中国的变化至少体现在三个方面：首先，“熟人社会”在一定程度上已变成“半熟人社会”（贺雪峰语）。其重要原因是，农村人口社会流动的增加，使得原来朝夕相处的村民难以“低头不见抬头见”，彼此经历的不同使双方怀有不同的故事和秘密，甚至带来情感上的疏远与隔阂。同时，流动性的生活也导致第二个方面的变化，即传统的伦理习俗在外来观念的影响下式微。农民长期在外或往返于城乡之间的生活经历弱化了个体村民对本地习俗的内化和遵从，这在年轻一代的身上体现得尤为明显。流动性的生活也使一些重要的仪式性活动难以为继，使得通过“集体欢腾”（涂尔干语）制造集体意识的过程难以实现，由此带来个体对他人和整个社区的疏离感。再次，伦理习俗的衰落，也导致以往处理村庄大事小情、调节人际纠纷的精英人物失去了存在的土壤。这样，村民的共识和共享意义在减少，而人言人殊的情况却在增加。这三个方面变化的重要后果是，村民对村规民约、伦理习俗与共享意义的内心服膺趋向弱化，更谈不上无意识遵从了。

结合这三个方面的变化来讨论“邻里伤害”事件，我们或许可以得出这样的观点：如果村民彼此之间难以深入了解甚至变得陌生和隔膜，缺少共同的仪式性活动，又没有权威人物调节社区内部的关系，那么，当人际矛盾发生时，哪怕是鸡毛蒜皮的琐事，也可能导致严重的后果。也可以说，在日常小矛盾演化成严重后果之前，个体内心缺乏足够的包容分歧的集体意识，容易使小矛盾加深、积聚，在极端的情况下造成邻里伤害甚至仇杀。

因此，在一定程度上，因小问题而引发大冲突的事件，其背后往往有着结构性根源：乡土权威的衰落，包括地方礼俗的式微和权威人物的缺失。无论是根据个人经历，还是通过媒体的报道，我们都会发现很多农村地区正在面临某些方面或全面的危机。例如，有的村庄被流氓混混控制，有的地方小学已经消失，有的地方成了只有老人和儿童留守的孤村，还有的地方面临强制性征地拆迁的巨大压力。

就村民的“邻里伤害”而言，一个家庭会因为凶杀事件而受到巨大的冲击。这是因为，很多农民往往都是原子化的个体，他们的抗风险能力通常只能来自家庭，而当家庭也出了问题，家庭的危机或厄运也就不远了。如果一个家庭的顶梁柱坍塌了，家庭经济收入的获得，孩子的上学、结婚，老人的养老送终，邻里关系的维续等，都会遭遇巨大挫折。因此，“邻里伤害”既凸显了人际联结纽带的脆弱性，又加剧了这种脆弱性。

此外，就农民与村外力量的关系而言，在伦理与组织双重缺失的情况下，农民在与政府和市场的博弈中必然处于下风。近年来，在土地财政的驱动下，农民因征地拆迁而致伤致死的事件屡见报端。例如，2013 年 3 月 27 日，河南省中牟县村民宋某在自己的承包田里被施工企业的铲车轧死。事件的起因是，宋某等三人承包了十亩用来种植林木的土地，与试图占用这块地的某公司因为补偿款问题一直没谈拢。3 月 27 号下午，这家公司将铲车直接开到了地里，遇到宋某的阻拦，于是悲剧发生了。三天后，也就是 2013 年 3 月 30 号上午，湖北巴东的农妇张某因工程损毁房屋的补偿问题，与“宜巴高速 29 标段”项目部沟通时发生纠纷，被水泥罐车碾压致死。

对于此类事件，暂且不论始末细节、孰是孰非，单就农民与政府和市场的关系而言，三者沟通渠道的缺失和农民在博弈中的弱势地位，是目前很多农村和农民面临的重要问题。在农民合作尚不成熟，农民自己的组织尚付阙如的情况下，也许这样的问题会长期存在。如果仅仅将此类问题看作“转型阵痛”，就可能对个体农民及其家庭所遭受的身体与精神的苦痛熟视无睹甚至视若当然。在新时期“城镇化”战略大力推进的背景下，如何在加速城市化进程的同时保护和重建农村的伦理规范与社会秩序、提升城市化的质量，是我们需要特别关注和深入思考的问题。

（作于2013年11月25日）

人心与人伦

——也谈“江歌事件”

“我们今天可以将‘上苍’理解为人类本身，把‘命运’看成是人类社会。”——林耀华《金翼：中国家族制度的社会学研究》

在网络空间中，往往奇闻轶事、狗血镜头最能吸引人眼球，但与个人直接相关的事，其实并不太多，能打动人心者，则少之又少。

在与个人非直接相关的事件中，有一类最能触动人心，就是有关人性和家庭伦理的事件。例如，2011 年的“小悦悦事件”，2016 年的“山东辱母杀人案”，前者突显出人性与理性的较量，后者则触碰了最基础的社会伦理道德。

近日在微信朋友圈被频频转发的“江歌—刘鑫事件”，同样触及了人性和社会伦理道德问题。对于这一事件，我们可能会很自然地设想：“如果我是事件中的江歌、刘鑫或江歌的母亲，我会怎么做？又是何种感受？”

这一事件引发的网络舆论，其实焦点在两个人身上：一个是江歌的生前好友刘鑫；另一个是江歌的母亲。

对于刘鑫，网络舆论多是批评，谴责其“无耻”“没有底线”。因为，是刘鑫和前男友的情感纠葛，使江歌招至杀身之祸；江歌好心收留和保护刘鑫，但在她遇难的过程中，刘却躲在江的屋子里，未能出手相救；刘及其家人后续的“冷漠”表现，更是招致诸多骂名。

在道义上，谴责刘鑫及其家人的“冷漠”，较容易理解，毕竟江歌因帮助刘鑫而死，且刘家在事后长时间“隐身”，令江母意冷心寒。

但在人性上，很难说哪一个旁观者比刘鑫更“优越”。因为，当人处在极度危急和恐惧的时刻，其平常所熟悉的道理和坚守的道德，可能立即生效，也很可能瞬间失效。如果有人说："我是刘鑫的话，会马上冲出去!"似乎太过于轻描淡写了。

在观念上，无论贬损、理解或宽容，可能都不是最重要的，重要的是，如果"我"是刘鑫或她的家人，在友人危急的时刻，会怎么做？在事后对待江母的态度上，又作何选择？

当然，体味这个问题，不是非得发生在生死较量的时刻，而是可以在日常生活中。否则，我们"消费"了死者，却仍然不敢面对自己，又有何意义？

"人无恻隐之心，非人也。"但"恻隐之心"和"实际行动"并不是一回事。当恻隐之心轻易被理性的念头浇灭之时，或许可以追问：这是为什么？

批评他人是缩头乌龟很容易，而检讨和改变自己的麻木与懦弱则很难。

因此，如果我们在谴责刘鑫"冷血"的时候，也能检讨自己可能存在的"冷血"，那么"江歌事件"的意义，也就不只是一个网络新闻或短时闲暇的消遣了。

事件中的另一个人物，是逝者江歌的母亲。

这是怎样的一个母亲？

这是一个食而无味、卧而难息、有冤难诉的母亲；是一个为遇害的女儿而奔走、为严惩凶手而呼号的母亲；是一个因为唯一的孩子惨死异国而近乎崩溃的母亲；是一个精神被掏空又不断舔尝中年丧女之痛的母亲……

江母给人的形象是：离异，与女儿相依为命，二十年来寒暑，尝遍生活艰辛，将女儿视为自己生命的全部。因此，女儿遇难后，江母曾有"随女儿去"的想法。

即便我们大多数人都没有江母这样的不幸遭遇，但将心比心，或许可以理解她的处境和艰难。

问题是，我们是用"心"去理解，还是用我们深信不疑的"理论"去理解？

如果以"专家"的眼光、"理论"的视角看待江母，她就成了分析和治疗的"对象"，例如，作为一个"失独母亲"，她"应该"独立自主，"不应该"把生命的意义全部寄托在女儿身上。

这样的"理论"，很残忍。

其实，江母在孩子一岁半时，因无法忍受丈夫的嫌弃和打骂而选择离婚，并承担起抚养孩子的全部责任，足见她是一个果敢坚强的女性。

母亲，不是简单的血缘概念，而是意味着家、亲情和精神世界。江母，是一个母亲，也是一个“中国”母亲。不仅对于江歌和她的母亲，可能对每个中国人而言，家都是一种宗教，而亲情尤其是亲子之情，则构成了一种坚实的信仰。

所以，这个早早品尝了家庭“不完整”的苦痛，又失去了唯一女儿的母亲，此时的状态，或许无关乎“独立”，因为对这个“中国”母亲而言，“独立”根本就不重要，重要是由她和她的女儿以及她对女儿的爱与依恋构成的整个“命运”。

说到底，江母在女儿遇难后的悲观厌世，可能不是一个母亲如何缺少“自我”的表现，而恰恰说明了中国式家庭伦理所构筑的“命运”之厚重深沉。

是否可以说，对中国式家庭伦理和命运的深刻理解与体认，也是我们将恻隐之心转化为实际行动的必要基础？

（作于 2017 年 11 月 14 日）

“家丑可以外扬”的社会学解读

在中国社会转型的过程中，出现了一种与传统的治家格言“家丑不可外扬”相矛盾的“家丑可以外扬”现象，即有些家庭在电视台的演播大厅将家庭矛盾公之于众，希望在主持人和有关专家的帮助下重建家庭关系。通过这一现象，可以管窥社会转型中“己”与“家”的关系。社会转型催生了个人主义意识，也制造了个人利益与家庭利益、个体的独立自主与个体的家庭依赖之间的张力。在传统家庭伦理衰微的情况下，家的自我调节功能发生故障，而国家又不直接介入私人空间，因此家庭矛盾难以自行化解，有些“家丑”只能“外扬”。“家丑可以外扬”现象为我们思考社会建设的路径问题提供了重要线索。

一、现象与问题

在中国传统文化中，“家”具有根本性意义，它不仅是个人的安身立命之所，也是个人的事业和理想所系，因此，家的地位和声望至关重要。常言道：“家丑不可外扬”。意思是，家中不体面的事不向外人宣扬，否则，会招人笑柄，甚至使整个家蒙羞。可是，在中国社会转型的过程中，却不断出现“家丑可以外扬”现象。我们所言的这种现象，主要是指有些家庭无法解决尖锐的家庭矛盾，最后来到电视台的演播大厅，在众目睽睽之下将“家丑”公之于众，以期在节目主持人和现场专家的帮助下化解家庭矛盾、重建家庭关系。

问题是，一向被奉为治家格言的“家丑不可外扬”，怎么变成“家丑可以外扬”了？这一看似稀松平常的现象隐含了怎样的道理？它仅仅是所谓的

"隐私的狂欢"吗?① 而且，自古以来，清官尚且难断家务事，电视台的节目主持人和几位专家就能有"齐家"之力吗?既然"家丑可以外扬"现象与中国传统的家庭观念相矛盾，那它一定说明了这种家庭观念已经发生了变化，或者，这种家庭观念在维持家庭关系上已难以为继。要回答和理清这些问题，我们还需要从"家丑不可外扬"这句传统的治家格言谈起。

二、"家丑不可外扬"的社会文化基础

人们常常引用儒家的经典名句说明"家"对中国政治和社会的根本性意义。例如，孟子曰："人有恒言，皆曰'天下国家'，天下之本在国，国之本在家，家之本在身。"类似的说法还有《大学》中的名句："古之欲明明德于天下者，先治其国；欲治其国者，先齐其家；欲齐其家者，先修其身"。虽然"家之本在身""齐家先修身"，但对个体而言，修身是在家庭伦理的教化之下完成的，"修身"其实是修"一家之身"，是扮演好家庭成员的角色，其基本要求是尽慈爱之责、行孝悌之道。

对于传统儒家"修身、齐家、治国、平天下"的理想而言，"治国"与"平天下"往往是普通大众难以企及的梦想，但对大多数人而言，"修身"和"齐家"却非难事，而是可以在日常生活中实践。而且，唯有兴家立业，培育人才，才有机会实现治国、平天下的理想。一个人即便不能富（发财）与贵（做官），但如果会"过日子"也不失为成功。"过日子"，是中国人对生活过程的概括，包括出生、成长、成家、立业、生子、教子、养老、送终、年老、寿终等这些环节，即一个人走完一辈子的过程，其中每个重要环节都发生在家庭中。因此，家庭成为人的基本生存处境，而不仅仅是一个社会组织。②

梁漱溟先生曾将家族制度作为中国文化的十四个特征之一，而且引用了卢作孚的观点，说明家庭对个人的意义和个人对家庭的义务："人从降生到老死的时候，脱离不了家庭生活，尤其脱离不了家庭的相互依赖。你可以没有职业，然而不可以没有家庭，你的衣食住都供给于家庭当中。你病了，家

---

① 参见刘敏．隐私的狂欢［J］．长江日报，2012－11－27.

② 关于"过日子"的深入分析，参见吴飞．论"过日子"［J］．社会学研究，2007（6）．

庭便是医院，家人便是看护。你是家庭培育大的，你老了，只有家庭养你，你死了，只有家庭替你办丧事。家庭亦许依赖你成功，家庭亦欲帮助你成功。你须用尽力量去维持经营你的家庭。你须为它增加财富，你须为它提高地位。不但你的家庭这样仰望于你，社会众人亦是以你的家庭兴败为奖惩。最好是你能兴家；其次是你能管家；最叹息的是不幸而败家。家庭是这样整个包围了你，你万万不能摆脱。"①

既然"家"的意义如此重要，那么，齐家就需要高超的"技艺"，人丁兴旺、家庭和睦、名闻乡里，在很大程度上是对这种"技艺"的肯定。相反，"家丑"代表齐家"技艺"的失败，也是对家的名誉的玷污，是要极力避免的，即便"家丑"在所难免，也要努力防止其"外扬"。具体来说，我们可以结合中国传统社会的特点，从如下四个方面解读"家丑不可外扬"的内涵。

首先，"家丑不可外扬"反映了家的声誉的重要性。家的利益、声誉和地位位于个体成员之上，"家丑"虽然可能只是家庭内部发生矛盾或家中的某个人做了不光彩的事，但内部的矛盾或个人的"丑"不是某个家庭成员的事，而是整个家的事。事实上，家不仅仅是当下的家庭成员、房舍和财产，还包括逝去的祖先和未来的子孙，对一个家庭成员来说，如果能做到耀祖光宗、积德于后世，便是对家的最大贡献；反之，家中出了不会"过日子"的"败家子"是对家的最大伤害。由此来看，家的声誉乃超越于所有成员之上，益之则兴家，毁之则败家，为了维护家的声望及其在社区关系中的地位，"家丑"不宜被他人知晓。

其次，"家丑不可外扬"之所以成为一种禁忌，还在于社会环境的限制。这句话产生和生效于传统的农业社会，农业社会也是熟人社会，熟人社会靠礼俗调节世事人情。② 熟人社会空间狭小，人们低头不见抬头见，惧怕"家丑"外扬，但恰恰是熟人社会，又使家丑容易外扬，一家的"风吹草动"易被左邻右舍察觉，也很可能在短时间内传遍乡里。在熟人社会中，"家丑"触犯了内化于人心的共同信念，一旦"家丑外扬"，便置家于闲言碎语之中，

---

① 梁漱溟．中国文化要义［M］．上海：上海人民出版社，2003：22.

② 费孝通．乡土中国 生育制度［M］．北京：北京大学出版社，1998 年．尤其是其中的"乡土本色""文字下乡""再论文字下乡""礼治秩序"等文。

轻则招致他人嘲笑，重则影响整个家的兴衰。因此，对于一个看重面子的家长来说，“家丑”能忍则忍，能压则压；而家中的个体成员，必须在共同体的习俗、禁忌和压力下严格自律。

再次，“家丑不可外扬”也意味着“家丑不必外扬”。也就是说，有时“家丑”可以内部解决，而不必诉之于旁人，换句话说，家具有自我调节能力。家不仅是一个经济单位，也是一个道德单位，家能够明是非、别善恶、辨美丑，调节内部成员的日常行为。这种调节的角色常由一家之长来承担，家长说一不二，包揽家中的经济、教育、婚丧嫁娶等方面的大权，其权威能够使家庭成员之间的矛盾或纠纷在内部解决，不必“外扬”。反之，一家之丑外扬，说明家中有个不合格的家长，不明是非、教子无方、持家无道，未能摆平理顺家庭成员之间的关系。

最后，与上一点相关，“家丑不可外扬”也反映了家长权威对个体成员的控制。家长化解家内的矛盾纠纷，未必是公平地满足个体的要求，而是带有强制性。正如20世纪早期美国的观察者古德诺所看到的，在男尊女卑的父权家长制下，家长的权威以儒家思想的孝道观念和“三纲五常”为保障，他可以靠其“传统权威”使家庭成员服从。人们对于自己活着的父亲、祖父、曾祖父必须要尽孝道的义务，在他们去世之后，这种义务在祖先崇拜中得到延续。子女对父母长期的依附使年轻人没有机会独立行动，即便在成年之后也难以按自己的意愿行事。① 在这种情况下，家长有权力决定“家丑”如何解决，因而“家丑”也就不必“外扬”了。

可是，如本文开头所言，传统习俗中被奉为治家格言甚至道德禁忌的“家丑不可外扬”，在当前的社会生活中似乎不那么有效了，有时，“家丑”不仅可以“外扬”，甚至还可以“扬之于天下”。

三、“家丑可以外扬”及其社会内涵

当前，很多电视台都推出了以情感沟通、矛盾调解为主题的节目，如北京卫视的“谁在说”、江西卫视的“金牌调解”、山西卫视的“和事佬”、湖北卫视的“调解面对面”、贵州卫视的“调解现场”，等等。在节目的参与者

---

① ［美］古德诺．解析中国［M］．蔡向阳，李茂增，译．北京：国际文化出版公司，1998：64－65.

中，有相当一部是为解决家庭婚姻中的矛盾而来的。矛盾的双方或多方，在电视台的演播大厅面对面沟通（当然，很多时候是争吵），并接受主持人和现场嘉宾的调解，其结果是，或不欢而散，或暂时平息，或重归于好。

在这样的电视节目中，“家丑不可外扬”偶尔还有一定的约束力，表现为有的当事人顾忌自己的脸面，在现场戴上有色眼镜，以免被熟人认出。不过，这有些掩耳盗铃的意味，因为其言谈举止很容易被看电视的熟人认出，只是不那么真切罢了。这样，上了这类电视节目的人，其实相当于把自己的“家丑”大胆地“外扬”了，有些人甚至毫无掩饰，直言不讳，更有甚者，还在节目现场出口成“脏”、大打出手，似乎将“家丑不可外扬”这句古话忘得一干二净。那么，我们如何看待这种“家丑可以外扬”的现象?

在一般的意义上，我们可对“家丑可以外扬”现象进行几种解读：首先，“家丑可以外扬”反映了个体与家的关系的张力。一方面，个体具有一定的独立意识，其个人利益并不总是与家的利益相一致，这尤其表现在年轻一代对父母权威的挑战上；另一方面，个体对家的依赖依然存在，年轻人在挑战父母权威的同时也依赖于父母的经济与社会支持。① 在这种情况下，我们不能断言电视节目中的当事人不爱惜个人颜面和家庭声誉，相反，是因为太希望息事宁人以修复和平衡家庭关系，才出此“下策”——走进电视台。

其次，与“家丑不可外扬”生效于熟人社会相比，“家丑可以外扬”产生于陌生的城市社会中。当然，“家丑可以外扬”不意味着人们不顾及“家丑”或“家丑”不被人知，而是表明，家庭所处的环境不是“低头不见抬头见”“吐沫星子淹死人”的熟人社会，“家丑”一般不会引发它在熟人社会中才能产生的高强度的舆论压力。虽然人们在电视台“曝家丑”也会产生“没面子”的后果，但相对而言，不会面临整日被左邻右舍指指点点的窘境。

再次，“家丑可以外扬”表明，这些家庭在一定程度上已经丧失了自我调节能力，即便上电视不免要“家丑外扬”，但与家庭矛盾的激烈程度和个人经受的痛苦相比，“曝家丑”也是无奈之下的理性选择。“实在没办法了，才来到电视台”也是一些当事人常发出的感叹。家庭自我调节能力的弱化甚至丧失，换个说法，就是个体成员与家的离心力的增加，传统社会中将个体

---

① 下文将个体与家的关系称为“己”与“家”的关系，这反映了中国社会的家庭关系与西方社会的家庭关系的重要不同，参见本文第四部分。

成员凝聚在一起的纽带暂付阙如。传统的集经济、教育、文化、娱乐、宗教等为一体的家的功能已经分化，家无法再全方位地将个体吸纳到家的伦理调控中。

最后，“家丑可以外扬”现象也表明，传统的在家中说一不二的家长权威不复存在，当发生家庭矛盾时，没有核心人物和权威调节矛盾关系。在本文所言的家庭矛盾调节类节目中，常常可以看到这样的例子，夫妻之间无休止地争论，子女激烈地反对父母的观点，父母在处理和子女的关系上无计可施，等等。如果夫妻之间、亲子之间的矛盾愈演愈烈，会导致家庭关系的僵化甚至破裂，这样，若化解家庭矛盾、维持家庭关系，便只能求助于家庭之外的力量了。此外，参与节目的家庭主要来自城市，而在由陌生人组成的城市社区中，左邻右舍往往“老死不相往来”，彼此之间没有共同熟悉和认可的伦理权威。

四、“家丑可以外扬”的社会根源

根据前文的讨论可知，从“家丑不可外扬”到“家丑可以外扬”，反映了传统家庭伦理以及个人与家庭关系的变迁。因此，我们需要结合中国社会变迁与社会转型的背景，分析“家丑可以外扬”现象产生的社会根源。

众所周知，建基于儒家思想之上的传统家庭伦理在自五四新文化运动以来的现代化过程中已呈衰微之势，家庭伦理的约束力和个人对家庭之顺从程度均已弱化，在一定程度上，“家丑不可外扬”的集体约束力已逊于往昔。《礼记》所言的“父慈，子孝，兄良，弟弟，夫义，妇听，长惠，幼顺”失去了文化（儒学、公共舆论）、组织（宗族）与制度（科举制、法律）的支撑。传统家庭伦理的衰落，从积极的角度看，是社会思想空间开放的体现；从消极的角度看，意味着家庭的自我调节机制发生故障。例如，巴金的小说《家》中出身于大家族的高觉慧，在接受新文化运动的洗礼后，开始有了挣脱封建家庭束缚的自主意识，但对高老太爷而言，儿子的独立却意味着家庭悲剧，代际之间的家庭关系出现了危机。

传统家庭伦理衰落所形成的思想真空，在新中国成立后被共产主义观念所填补。革命与政治运动有力地冲击了传统的家长权威，代之以解放和平等主义意识形态。在国家与社会关系层面，“强国家—弱社会”格局逐渐形成，国家甚至将权力的触角深入到每个家庭中。在计划经济条件下，传统的由家庭所承担的一些功能转移到单位层面，当家庭产生矛盾时，矛盾双方可能“闹”到对方单位去，而作为国家代理人的单位领导，也负有调节职工家庭矛盾的责任。可以说，在这个时期，国家的行政权力在家庭关系的维持上发挥重要作用，家庭和睦具有政治稳定的意涵。

改革以来的“去集体化”过程并没有复兴传统的家庭伦理，而随着国家权力从基层社会撤出，“有矛盾找领导”的家庭矛盾处理方式也渐渐失效了。在“后单位时代”，甚至曾经在调节家庭关系上扮演重要角色的“居委会大妈”，也很少再介入社区居民的家庭矛盾中。既没有强大的家庭伦理观念，又没有国家行政力量的干预，家庭关系面临新的调整。阎云翔指出：“在传统中国，法律、公众舆论、宗族社会组织、宗教信仰、家庭私有财产这一系列因素在支持着孝道的推行。在50至70年代的社会主义革命中，所有这些机制都受到了根本性的冲击。我将这一过程称作父母身份与孝道的世俗化过程。市场化经济改革过程中引进的一系列价值观最终埋葬了孝道。没有了上述一系列传统机制的支持，孝道观念失去了文化与社会基础。根据市场经济中流行的新道德观，两代人之间的关系更多的是一种理性的、平衡的交换关系，双方必须相互有对等地给予。”①

但是，随之而来的不是独立个体的崛起，而是“无公德的个人”现象。阎云翔说：“走出祖荫的个人似乎并没有获得真正独立、自立、自主的个性。恰恰相反，摆脱了传统伦理束缚的个人往往表现出一种极端功利化的自我中心取向，在一味伸张个人权利的同时拒绝履行自己的义务，在依靠他人支持的情况下满足自己的物质欲望。”② 尤其是在代际之间，年轻一代相对于父辈的“现代性能力”的提升，挑战了基于传统身份和孝道的家长权威，甚至前者可以对后者发号施令，而身为父母者常常慨叹：“孩子是越来越不好管了，你对他好，他却和你对着干！”这不是一般意义上的代沟，而是中国社会转型的微观投射。

在个体与家庭关系的意义上，中国的传统家庭关系——如前文提及的梁漱溟转引卢作孚的文字中所描述的个体与家的关系——在社会变迁中已经发

① 阎云翔．私人生活的变革：一个中国村庄里的爱情、家庭与亲密关系 1949 - 1999［M］．龚小夏，译．上海：上海书店出版社，2006：208.

② 同上，中文版自序，5.

生重要变化，但仍和西方个人本位的家庭关系有着本质上的不同。在家庭的代际关系上，挑战父母权威的个体并不具有明确权利和责任意识，而是交织着自主与依赖的矛盾情感，家既是年轻一代试图“逃离”的地方，也是他们百般依赖的港湾。反过来，父母的观念也夹杂着矛盾，既希望子女成为独立的“个体”，又希望他们按照父母的意愿行事。就“家丑可以外扬”现象而言，个体与家的疏离，不仅体现在年轻一代的身上，而且其父辈也表现出这样的特点，即不再完全为了维持家庭关系和家的声望而委曲求全，而是希望表达自己的想法和苦衷。

在社会个体化的意义上，中国的个体化与西欧的个体化迥然有别，尤其表现为前者缺乏古典个人主义的条件和个人本位的价值观，① 因此，本文将家庭中的个体称为“己”（self），不是西方个人主义意义上的个人（individual）。所谓“己”，可以理解为费孝通所言的作为差序格局中心的“己”，表现在家庭关系上，“己”与“家”之间并没有明确的权利义务边界；表现在一般的社会关系上，“己”和别人所联系成的社会关系，“像水的波纹一般，一圈圈推出去，愈推愈远，也愈推愈薄。”② 个体与家的关系不是个体与个体之间的关系，因为二者没有个人本位的价值基础，而是“己”与“家”的关系。就“家丑可以外扬”现象中的家庭而言，“己”与“家”交织在传统与现代、依赖与独立、聚合与离散之间。

传统家庭伦理的衰落、行政干预力量的抽离，加上市场经济条件下个人主义价值观的影响，家庭关系上的共享价值往往是缺失的。有时，电视节目所呈现的家庭矛盾，问题不在于家庭成员有多“错”，“错”起码还说明“对”的存在，意味着尚有标准可循，而在于有多“迷茫”，即每个人都不清楚到底什么是“对”，什么是“错”，以至于发生家庭矛盾时，众说纷纭、各言有理，但没有共识。③ 因此，家庭矛盾中的个人，会将“家丑”归因于其他人，既然“家丑”是其他人造成的，不是“己丑”，那“扬”出去也就无所谓了。当然，自古以来家庭矛盾就是“公说公有理，婆说婆有理”，但在

---

① 阎云翔．中国社会的个体化［M］．陆洋等，译．上海：上海译文出版社，2012：341－345、376.

② 费孝通．乡土中国 生育制度［M］．北京：北京大学出版社，1998：27.

③ 如果说还有基本共识的话，就是同意通过电视节目调节家庭矛盾，或可称为“底线共识”。

传统社会中尚有家长权威或地方精英以“理”调解家庭纠纷，而当前“家丑可以外扬”中的家庭争论，往往是“公说婆无理，婆说公无理”，但“公”与“婆”却难以说清自己之“理”何在。

这种人言人殊的状况，其实也折射出当前中国社会的思想状况：曾经的激进的去传统化运动为现代性的生长扫除了思想障碍，但也使人丧失了安顿灵魂的标准；而古今中西各种思想的碰撞，也未能衍生出可以作为人们立身标准的普适性哲学。如今，孟子所说的“国之本在家”似乎仅仅成了“家庭和谐是社会和谐的基础”的同义语，传统社会中基于相同意识形态——儒家思想——的家国关系已不复存在，这是思想层面的“家国异构”。国家所关注的更多的是社会稳定和经济增速，而家庭及其成员所考虑的则是吃喝拉撒、柴米油盐。家庭问题已变成个人的一己私事，有了家庭矛盾，不能再找单位、找国家，因为单位、国家与家庭有着迥然不同的运作逻辑。

在上述背景下，电视演播大厅上的“家丑可以外扬”便不难理解了。传统家长权力和国家权力撤出了家庭，而电视走进了家庭。就电视台的家庭矛盾调节节目而言，电视节目的信息直接传达给观众（如在电视屏幕下方滚动播出栏目组联系方式），使有需要的观众足不出户便可以用电话与电视台取得联系。简言之，观众通过电视节目调节家庭矛盾，在信息获得上享有门槛低、成本低的便利条件。如果他们希望通过电视节目调节家庭矛盾，只需要拿出“家丑可以外扬”的勇气。

五、家庭关系的重建

电视台的沟通调节节目获得了很多观众的好评，但不是所有的家庭问题都能过通过这种节目化解，也不是所有家庭都愿意这样解决问题，或者，即使愿意，也未必有机会，因为不是所有存在矛盾的家庭都具备上电视的“资格”。电视节目具有新闻传播效应，往往是家庭关系越复杂、家庭矛盾越尖锐，才越能吸引观众的眼球，一般的鸡毛蒜皮小事，也许根本就过不了电视台的门槛。

对于那些在电视节目中寻求帮助的家庭来说，往往是家庭关系已经无路可走甚至濒临解体，才会出此“下策”，如果有其他替代性途径，可能任何人都不希望“家丑外扬”。有些讽刺意味的是，广大观众看到的是电视台帮助一个家庭解决了问题，但实际上，电视台却“希望”更多的矛盾重重的家庭找上门来，以保证或提高收视率；电视机前的广大观众不希望自己置身于紧张的家庭矛盾中，但对电视里火药味十足的节目现场却看得津津有味——也许这类电视节目的“迷人”之处就是使一些人在消费另一些人的痛苦时获得一丝快乐。

显然，各种类型的家庭矛盾未必都是电视台感兴趣的，光靠几个电视台的调解节目也无法解决众多家庭的矛盾。对于那些同样有着家庭矛盾的电视观众而言，也未必能从电视节目中找到修身齐家的办法，因为，如列夫·托尔斯泰所言：“幸福的家庭都有同样的幸福，而不幸的家庭各有各的不幸。”况且，解决问题最有效的方式在于消除问题的根源，而不是做事后诸葛。

虽然家庭矛盾具体地通过某个家庭或某个人表现出来，但在根本的意义上，家庭问题在家庭之外。虽然中国的家庭关系依然渗透着浓厚的儒家伦理原则，但和传统社会相比，亲子关系、夫妻关系、兄弟关系等已经发生重大变迁，而且这些关系没有稳固而持续的文化和制度环境作为依托。既然家庭难以调解自身的问题，那就需要从更宏观的层面寻求化解之道。在我们看来，宏观层面的社会—文化重建，是重建家庭关系的必由之路和长久之计。

在社会重建的意义上，既然家与国已失去了共同的价值基础，且国家无权干涉个人私事，家庭矛盾的化解或可诉之于国与家之外的力量——社会组织。社会组织能在国家与市场行有所限或力有不及的地方发挥作用，其干预不是强制性介入，而是能够与家庭保持较为温和的关系。例如，北京红枫妇女心理咨询中心，北京农家女文化发展中心，便在家庭矛盾的心理疏导、农村妇女的家暴干预、自杀干预等方面做了很多有益工作。此外，专业的心理服务机构、社会工作服务机构，也会在介入家庭矛盾上起到积极作用。此类社会组织的发展，也符合“加大社会组织建设，创新社会管理服务”的时代要求。

在文化重建方面，或许有必要提及美国社会学家丹尼尔·贝尔的观点。贝尔在《资本主义文化矛盾》中提出了“经济领域的社会主义、政治领域的自由主义、文化领域的保守主义”三位一体的主张。贝尔说：“我所坚持的三位一体立场既连贯又统一。首先，它通过最低经济收入原则使人人获得自尊和公民身份。其次，它基于任人唯贤原则承认个人成就带来的社会地位。最后，它强调历史与现实的连续性，并以此作为维护文明秩序的必要条件，去创建未来。"① 其中，文化领域的保守主义观点对我们思考中国社会的思想状况具有重要意义。这一观点意在指出，人们需要有共同的价值观念，使彼此可以相互倾听、理解、达成共识；反之，如果人言人殊，厚己薄彼，势必造成个体的"无告"困境以及内心的焦虑和孤独。

从长远来看，家庭矛盾的化解也需要这种有利于个体之间进行沟通、达成共识的文化保守主义。中国近代以来激进文化的消极后果已逐渐显露，舶来之西学也未能弥补去传统化所留下的缺憾。在这种情况下，对传统文化的继承和创造性转化，或许是安顿人心的长久之计。事实上，近年来的"国学热"在一定程度上已经表明民众对传统文化的需要，虽然其中也掺杂着不少浮躁情绪，但我们还是对此抱以积极的态度。无论对个人、家庭还是整个社会而言，真正的和谐在于内心的和谐，因此，在日常生活层面对"贵和尚中"的中国传统文化进行重新审视和运用，将善莫大焉。

（原载《人文杂志》2013 年第 9 期）

---

① ［美］丹尼尔·贝尔. 资本主义文化矛盾［M］，赵一凡，等译. 北京：生活·读书·新知三联书店，1989：24.

从"逆家长权威"反思社会个体化趋势

阎云翔在《私人生活的变革》与《中国社会的个体化》两部著作中，以在黑龙江下岬村的长期田野调查为基础，揭示了中国社会转型过程中私人生活的变革以及个体主义的崛起。前者分析了一个村庄中个体尤其是年轻人在家庭中自主地位的提升，以及与之相伴而生的"无公德的个人"现象；后者则试图描述中国社会的个体化趋势及其本土特征（下文的几处引文出自这两本书，未一一注明）。本文延续这两部著作讨论的话题，初步分析在农村家庭代际关系变迁的意义上，社会个体化过程中的"逆家长权威"及其社会根源。

一、社会个体化与农村代际关系变化

在《私人生活的变革》中，阎云翔指出，国家从公众领域退出带来集体主义价值观的弱化，加上市场主义与消费主义意识形态的兴起，促发了农村家庭中作为独立主体的个人的出现。这个微观层面的变化表现为：年轻人有决定权并付诸行动，个人权利意识增加，具有表达意见的愿望与能力，等等。

年轻一代个体的崛起，对长期以来深受家长权威支配的农村家庭而言，产生重大影响。如阎云翔指出，在传统中国，法律、公众舆论、宗族组织、宗教信仰、家庭私有财产这一系列因素支撑着孝道，但在中国社会变迁中，所有这些机制都受到了根本性冲击，出现了父母身份与孝道的世俗化过程。市场化经济改革引发一系列新的价值观，根据市场经济中流行的新道德观，两代人之间更多的是一种理性、平衡的交换关系，双方必须相互对等地给予。这样，传统的孝道观念失去了社会与文化基础。

虽然市场经济促进了集体主义意识的世俗化和多元分化，也导致传统孝道衰落，但在现实生活中，两代人之间并不是平衡的交换关系，而是父辈的“供养”责任依然沉重，子代的“赡养”义务却每况愈下。这种现象的出现，与城乡社会流动增加及其导致的社会价值观念的变化密切相关。

改革开放以来，城市社会的价值观念与生活方式，对农村居民的影响越来越广泛和深入，其中一个重要趋势是，农村的年轻人，尤其是“80后”“90后”，常常向往现代都市生活，而不愿意或没有能力再做一个终日和土地打交道的农民。这是当前很多农村的社会现实，也是社会个体化趋势发生的宏观背景。

随着农村人口城乡流动日益频繁，农村青年有更多机会进城务工、购物甚至消遣，不断接触现代工业文明和城市文化。这使他们在一定程度上具有了很多“现代性”特征，如追求利益、个人本位意识等。相比之下，农村中年老一代既没有像年轻一代那样接受现代学校教育，又因传统观念根深蒂固而缺乏崇新心态，年轻人在知识接受、信息获得和空间流动能力等方面，都显示出相对于年老一代的优势。

二、“逆家长权威”的特点及其社会根源

随着农村年轻一代在知识、信息、适应性等方面“反哺能力”的增强，传统家长权威便进一步受到挑战，年轻一代发号施令的“家长形象”愈加明显。这种新的代际关系，或可称为“逆家长权威”。

“逆家长权威”有诸多表现，这里略作讨论。首先，在对信息的捕捉和获取方面，子代表现出明显的“优越性”，他们甚至以“瞧不起”的眼光审视父辈。“由于受到大众媒体和他们自己在城市工作经历中所接受的信息和影像的影响，越来越多的年轻村民有了强烈的个体权利意识，他们会毫不犹豫地行动起来，在公共领域和私人领域挑战权威。”

其次，父辈需要为子代盖房、娶媳妇、添置家产，但子代往往在“索取”父母资产的同时却不愿给予同样的回报。“个体能动性的运用并不必然导致年轻人的独立，反而使得他们在结婚问题上越来越依赖父母的资助。”“娶媳妇”甚至成为农村男青年对父母的“要挟”：如果父母没有帮儿子结婚成家，便是“没有完成任务”，是“不称职”的父母。

再次，即使子代依然履行物质上的养老责任，但在精神层面往往“凌驾”父辈之上，甚至在一些家庭中，子辈对父辈的言语奚落已成为家常便

饭。以至于常有老年人慨叹：“我不求吃得多么好，穿得多么好，脸色上对我好点就行了！”

追本溯源，代际关系中的“逆家长权威”，与宏观上我国的现代化进程密切相关，涉及政治与伦理变迁等复杂内容，这里仅从城乡二元结构的角度略谈一二。改革开放促进了城乡之间的社会流动，这对农村内部不同群体的影响各不相同：对于农村青壮年劳动力来说，这给他们进城务工提供了机会，但对年龄较大、劳动能力减弱的老年人来说，则意味着他们要留守家中，在从事基本农业劳动的同时，可能还要承担照顾孙辈的任务。

另外，长期以来家庭养老是我国农村养老的主要方式，父母养儿防老的观念并未根本转变，但这种观念对于习惯在外务工甚至深受城市理性化观念影响的子代来说，已经愈发淡化。即使养老观念仍然存留于部分子代心中，但农业收益的低下和打工生活的不确定性，又往往使他们心有余而力不足。同时，农村社会养老制度尚不完善，以社会养老代替家庭养老的条件尚未成熟。

农村的“打工经济”促进和固化了代际关系中的“逆家长权威”。“打工经济”的时间与空间特点，导致了家庭居住方式的代际分离，加之年轻打工者长期在外深受城市生活的影响，导致亲子之间感情纽带的松弛和子女孝道的下降。

与此同时，家庭规模的缩小和年轻一代独立意识的增强，也促使一些青年夫妇较重视子女的教育和成长问题，他们有意或被迫将有限的财力、精力向孩子倾斜，于是产生了“重幼轻老”的现象。

三、社会个体化趋势反思

农村生活中的个体化趋势与“逆家长权威”的出现，折射出中国社会“压缩式现代性”的现实，即本土现代性的发育尚不成熟，但全球化的市场主义与消费主义却席卷而来，传统、现代甚至后现代状况矛盾地交织在一起。当前中国社会的个体化趋势，尚不是个体意识的全方位觉醒，而是夹杂着传统与现代、激进与保守、自主与依赖、渴望与畏惧的矛盾情绪。

对于在现代性之路上前行的中国社会而言，我们需要强调权利与义务并重的个体意识，使个体意识扎根于深厚的社会与伦理的土壤之中。如果社会个体化过程带来的仅仅是“无公德的个人”，那么社会与个体的现代性之路还很遥远。

既然农村社会养老制度尚不健全，那么重建传统孝道便十分重要。当然，重建传统孝道不是简单地向传统复归，孝道如何重建，又如何弘扬，依靠何种力量重建，通过何种方式弘扬，都是有待探讨的问题。在国家无法再“大包大揽”而家庭又无能为力的情况下，建立和发展农村社会组织，似乎可以成为新形势下应对部分农村问题的可行办法。无论是帮扶农村留守老人，还是沟通政府与民众的关系，抑或进行精神文明教育，农村社会组织都大有可为。

（原载《中国社会科学报》2012 年 8 月 10 日 A08 版，收入时有修改）

媒体如何认识和引导社会情绪

主持人：赵　金，《青年记者》记者
嘉　宾：王建民，中央财经大学社会学系副教授

当前很多社会问题中出现的道德问题不在于道德本身，而必须到社会的结构性背景中寻找根源

赵金：王老师，您好！当前，因为有了网络、微博等传播广、互动性强、门槛低的传播交流渠道，针对一些突发事件、社会热点问题，民众的情绪很容易被反映和集中起来，形成一种社会性的情绪。如果对社会问题缺少正确的思考方法和必要的知识，是没有办法正确认识和引导这些社会情绪的。所以想就一些问题听听您从社会学角度的看法。

以“小悦悦事件”为例，以网络为代表的舆论对此事件的讨论，开始是对18个冷漠麻木的路人见死不救的指责，然后掀起对当今社会公共道德良知的讨论。很多人义愤填膺，甚至“人肉”出那18个路人，大加鞭挞。而在南京“彭宇案”后，再次发生的“扶不起的老太太”事件，又让网友大叹“扶不起老太，积不了公德”。一方面，每个人都希望在困境中的人都可以得到救助；一方面，又对救助别人心存顾虑。您能否以这两个事件为例，谈谈我们该如何认识当前的这种社会情绪，其背后反映的更深层次的问题是什么？

王建民：社会情绪不同于个体情绪，个体情绪千差万别，带有明显的偶然性。但在网络社会中，个体情绪经由快速的信息传播，往往能迅速地促进个体情绪的传染、扩大，导致社会情绪的形成。因为网络信息极大地超出了言传口述的传播速度和熟人关系的传播范围，而且，网络信息多元驳杂、更

新迅速，个体往往难以理性地识别和消化这些信息。因此，在社会情绪形成和传播的过程中，网络媒介的作用不可小觑。

我们需要追问的是，社会事件纷繁复杂，为什么有些事件迅速地销声匿迹，而有的事件却掀起轩然大波，其所引起的社会影响甚至内化到人们的内心深处？

这个问题的答案可能很多，如信息源的新奇性，传播机制的便利性，受众的敏感程度，等等。从道德的角度看，一个事件越是触及公共道德底线，越可能引起强烈反响。例如，在“小悦悦事件”中，18个路人见死不救，让我们感到人们对生命的漠视，感到社会的公共道德现状令人担忧。因此，那18个路人倍受谴责，他们甚至成了“道德冷漠”“道德滑坡”的代名词。

谴责一个人或一个现象比较容易，但我们要问，为什么18个路人选择见死不救？我曾经和学生讨论过这个问题，不止一个学生说，如果我是18个路人中的一个，我也会选择不救。为什么？我们能说重点大学的大学生也没有同情怜悯之心、缺少道德担当吗？似乎不能一概而论。我宁愿把18个路人的行为理解为：他们虽然心存怜悯甚至悲伤，但他们无法预知救人行为的后果，或者说，对救人后果的畏惧压倒了恻隐之心。也就是说，如果好人没有好报、救人反被诬陷为肇事者，那见死不救便是个体的理性选择。

从社会学的角度看，社会情绪往往是现实社会结构的反映和折射。如果没有激励一个人积德行善的健康社会环境，那么个体的同情心只有安放在自己心里才是最安全的。例如，2009年下半年发生的“孙中界事件”，一个出于善意助人的小伙子，却被“钓鱼执法”，不仅交罚金，而且名誉受损。无奈之下，孙中界断指以示清白，引发社会广泛关注，在强大的舆论压力之下，该事件才得以重新调查，最后水落石出。虽然该事件很快有了结果，但它带来的社会影响不会迅速消失，权力部门滥用权力对信任环境造成的伤害需要更长时间修复。

在我们的社会中，往往有这样的悖论：鼓励搀扶摔倒老人，支持救助流浪儿童，歌颂不畏强暴、见义勇为之举，但却不鼓励人们帮助那些在暴力征地、非法拆迁中利益受损甚至失去生命的人。同样是道义责任，有的可以做，有的却不能做。同样是做好事，如果做这种好事被奖励，而做另一种好事却遭到惩罚，那谁还敢贸然做好事呢？

因此，道德问题不在于道德本身，而必须到社会的结构性背景中寻找根源。一方面，在社会转型的过程中，我们没有形成与经济增长同步的普遍性社会信念和社会共识，社会生活中个体化趋势明显而社会团结纽带乏力。另一方面，社会不公正现象尤其是公共权力滥用现象时有发生，在不公正的制度环境中，每个人都是潜在的受害者。在这种人人自危的情况下，“各人自扫门前雪，莫管他人瓦上霜”便不难理解了。

《国语》有云：“从善如登，从恶如崩。”意思是说，向善就像登山一样艰难，从恶好比山崩一样迅速。道德教育是一个日积月累的过程，迅速提升之异常艰难。好的制度环境激发人性善，而坏的制度纵容人性恶。当务之急是从制度层面入手，加强制度建设，营造公正、公平的制度环境，尤其是在政府和民众之间建立利益沟通机制，以政府的公信力推动社会信任环境的改善。只有个人修养、道德教育与制度建设相结合，才能在整体上提升公共道德水平。

赵金：现在经常看到对于一些牵涉到道德的社会事件的舆论谴责。比如“肖艳琴事件”，肖艳琴遭遇丈夫背叛后留下遗书自杀，引起了社会的极大同情，对出轨男和小三进行斥责和曝光。而其死而复生，又让不少网友感觉受到了欺骗，认为其透支公众善意、伤害公序良俗，比小三和出轨男更加可恶。对于婚姻道德，现在报纸上也在不断探讨，您能否以这个事件为例解释一下对此类事件该怎么看，报纸该怎么去解读？

王建民：相比之下，“小悦悦事件”有真实的监控录像，事件本身也比较简单，整个事件没有什么神秘成分。而“复活门”则不同，它带有很大的“戏剧性”。综观事件的整个过程，网友对肖艳琴态度的变化，其实源于事实本身的变化。试想，如果“复活门”一开始就是个完整的故事，如果网友毫无悬念地了解这个故事，那么，可能就不会出现从“挺肖”向“贬肖”的转变。

但实际上，这个事件有前后两个阶段，第一阶段是“婚姻悲剧”，第二阶段是“死而复生”，其中的转折点显得突兀甚至离奇，而我们知道，越是突兀离奇的故事情节，其所引发的情绪变化也会越大。在第一个阶段，网友的注意力集中在肖艳琴身上，对这个家庭悲剧中的“受害者”给予深度同情。在这个阶段，主要是网友在“解读”肖艳琴这个可以“盖棺定论”的人物。而在第二个阶段，肖艳琴突然“死而复生”，这让不知情的网友大为惊诧甚至愤怒，觉得善良和同情被一个“骗局”无情地戏弄。此举动摇甚至推翻了网友之前对肖艳琴的解读结论，前后对比，反差强烈，舆论“哗然”便不足为奇了。

就“复活门”的整个过程来看，当事人肖艳琴虽然“欺骗”了网友，但也许这并不是她的初衷。肖艳琴自己可能也都没想到，她的遗书所引起的反响、博得的同情如此之大、如此之多，甚至一些陌生人要为她办“头七”，这是她始料未及的。在接受电台记者采访时，肖艳琴说：“我姐告诉我，有人要为我办‘头七’，我觉得这个事情太疯狂太夸张了，因为我从来没有想到过。”可以说，在“假死”而成了“公众人物”之后，肖艳琴也处于结构性压力之下，因为舆论形成一股抽象的集体力量，将肖艳琴这样一个女子，变为一个抽象的网络符号——“婚姻悲剧的受害者”。而这样一个网络符号，已超出了肖艳琴本人以及她家人的控制范围。在这种情况下，为了防止事态进一步扩大，肖艳琴选择了通过电台澄清事实，向关注她的人致以歉意。

最后，“复活门”还是以较为理性的方式结束。虽然很多网友说这是一场“闹剧”，但肖艳琴并未因为受到如此关注而进一步炒作，这在某种程度上证明她不存在恶意欺骗网友的动机，我们从她在电视节目中向观众和网友鞠躬致歉的行为中，可以窥见一斑。况且，肖艳琴的“假死”，是因为她的家人为了挽留其生命，才编造了一个“自杀身亡”的谎言。作为旁观者，虽然我们无法真正知道肖艳琴的所思所想，但就深受婚姻伤害的肖艳琴没有死这一结局而言，无论支持她还是批评她的人都应该表达对她生命的尊重。就“复活门”的整个过程来看，肖艳琴也只是网络这个聚光灯下的一个小人物而已，一阵喧嚷之后，她应该懂得了宁静的价值。

我认为，对于类似的事件，报纸以及一般的媒体，主要还是从事实出发，在尊重事实的基础上分析说理，而不应以吸引读者眼球为目的，用夸张的标题和语言对事件加以渲染，更不能对事件中人物的缺点或优点无限放大。或者说，媒体报道的主要是事件本身，而不是对当事者的心理与人格妄加评价。毕竟，媒体的职业操守与责任担当，比吸引受众眼球更重要。

其实，“复活门”所折射的家庭婚姻问题，也反映了更大范围的社会问题。家庭与亲人是一个人的情感所系，甚至生命所系，但如果一个人除了家庭之外，没有任何可以信赖的社会关系或精神纽带，那也非常可怕，一旦家庭出现一些小问题，很可能因为缺少化解办法而演变成家庭悲剧。繁忙的工作、紧张的生活、复杂的社会现实，将人的精神压力推向个体的内心、推向家庭，如果家庭这棵大树也“无枝可依”或“伤根毁枝”，那个体生活必然会遭遇不幸。这也从另一个方面说明，我们需要更多的社会组织，使人在自己的生活出现问题时，如果家庭和亲人也无能为力，还可以通过其他渠道寻求帮助，如工会、妇联、法律援助机构、社会工作队伍，等等。

网络上呈现的“负面舆论压倒正面舆论”现象不是一种结果，而是舆论生态的阶段性表现

赵金：“杨武案”中，媒体表现出的新闻道德失范备受批评。其中第一篇关于此事的报道中，记者一句“你太懦弱了”，哀其不幸，怒其不争，引起很多媒体和读者的共鸣。无论是在其后的传统媒体报道中，还是在网络上，对杨武的谴责铺天盖地，有报纸竟然在标题上直接称其为“世界上最窝囊的丈夫”。在这样的报道热潮后，也有一些媒体转为理性的反思，试图寻找其中的根源，并给予杨武理解和同情。但是从中确实反映出我们的记者和媒体，在面对一些突发的、社会影响大的事件时，并不能迅速、准确地看透其中的本质。

与此相关联，现在的网络、手机给大家提供了更多的交流平台，其中各种舆论的交锋，常常是“负面舆论”压倒“正面舆论”，这或许是因为议题设置者和先导性意见促成的网络舆论通常会在短时间内急速传导，形成一种强大的舆论声势，至于议论的事实是否清楚、判断是否正确，反而变得不再重要。

网络舆论未必能代表社会主流声音，但又是不容忽视的社会情绪“晴雨表”。您怎么看“负面舆论压倒正面舆论”这种现象？它能否反映真实的社会情绪？

王建民：首先需要澄清两个概念：第一，什么是“社会主流声音”？当然不是以人数多少判断，因为多数人的观点未必正确，甚至可能造成“多数人暴政”，而且，和总人口相比，互联网上发表言论的网民也属于少数人。我想，“主流”主要有两个标准，一是法律的标准，二是道德的标准。只有符合法律和道德要求的观点，或者说，只有符合公平正义的观点，才能归入“主流”之列。反过来说，如果某种观点违背了公平正义，即便持有这种观点的人很多，也不能称之为“主流”。第二，什么是“负面舆论”？舆论本身难分“正”“负”，说舆论的“负面”，可能主要是说一种舆论引发的后果是消极的。也可以这样理解，所谓“负面舆论”，主要是某种单一性声音过于强大，遮蔽了人们的视野，不利于理性意见的形成。

在我看来，网络舆论能不能代表社会主流声音不能一概而论，因为网络舆论不像文本或成文制度那样有其相对稳定的存在形式，往往是发生了新事件、出现了新问题，才形成新的网络舆论。也就是说，网络舆论带有明显的暂时性特点。我想，如果网络舆论是自发形成的，没有人为强行干预（如网站设置引导性问题，或随意删除某类观点），它能反映真实的社会情绪和社会状况。网络舆论是无数个体观点的汇集，如果它自发地形成，便会带来多元的舆论生态。可以说，可怕的不是负面的社会情绪，而是多元的舆论生态被破坏，进而导致观点之间的交锋融会失去平衡。

至于“负面舆论压倒正面舆论”的现象，我想，这主要不是一种结果，而是舆论生态的阶段性表现。在事件发生之初，人们对事件的关注度比较高，评论的声音也比较热烈。这时，多元的舆论生态尚未形成，某种观点或某些观点暂时占据优势，而随着时间推移，如果民众表达观点的渠道畅通，加上权威机构的积极引导，“负面舆论压倒正面舆论”的现象会逐渐淡化或消失。

一般而言，只有在非常单一封闭的环境中，一种负面舆论或情绪才会愈演愈烈；如果舆论空间多元开放，负面的社会情绪会自然而然地消散，即便它仍然存在，但由于多元制衡力量的存在，其负面影响也不会很大。例如，2011 年 3 月日本福岛核事故发生后，我国很多地区都发生了抢购食盐的现象，其实这是很正常的现象，甚至可以说是民众的自我保护行为。后来，在政府、食盐厂家与媒体的积极引导下，民众恐惧“盐荒”的情绪逐渐消退了。

一些传统媒体有悖职业伦理的报道，可能不是受社会舆论影响的结果，而是这些媒体本身就缺乏客观公正的立场

赵金：作为媒体工作者，我们该如何看待“网络民意”？如何看待不良社会情绪的表达？

王建民：互联网尤其是近几年微博兴起之后，普通民众有了表达自己观

点的便捷渠道，和平面媒体相比，互联网参与的门槛更低，传播信息的速度更快，而且网民可以通过发帖、评论等方式参与到网络空间中。“网络民意”甚至促进了很多问题的解决，如“故宫失窃案”“郭美美事件”“微博打拐”，等等。网络民意对于监督政府权力、密切党群关系、伸张社会正义、帮扶弱势群体等起到了积极的推动作用。在这个意义上，我们应该肯定“网络民意”的意义和价值。

有时，我们将非理性社会情绪“妖魔化”了，想象它可能会引发某种社会后果，但实际上，我们设想的后果可能并未发生。如果非理性社会情绪确实反映了实际存在的社会问题，那么这些情绪反而起到“晴雨表”的作用，提示我们正视和解决实际问题。如果一些非理性情绪表达的是民众对社会不公正现象的愤懑，那么这些情绪的发泄反而能起到“安全阀”的作用。美国社会学家刘易斯·科塞曾指出，“安全阀”是一种社会运行的安全机制，如果不满甚至敌对的情绪通过适当的途径得以发泄，就不会导致冲突，像锅炉里过量的蒸汽通过安全阀适时排出而不会发生爆炸一样，有利于社会结构的维持和发展。互联网上的一些非理性情绪表达也有这样的特点和效果。

当然，不可否认，互联网的引导和监管不像普通媒体那样容易，互联网参与的匿名性，使一些网友发表一些与事实不符的言论，造成不良影响，尤其是带有明显诽谤性、煽动性的言论，必须严格抵制。对于这个问题，除了制定相关法律之外，政府和媒体应该以引导为主。互联网和日常生活一样，总会存在多元的声音，在多元的舆论生态中，即使存在一些“不良社会情绪”，也会被多元的舆论生态中和。所以，问题的根本不是网络民意有多大的破坏性，而是政府、传统媒体和互联网如何积极地引导舆论走向，保护多元舆论生态的发展。

赵金：您能否分析一下，在上面我们提到的那几个案例中，或者是2011年的其他热点事件中，传统媒体有没有被包括网络舆论在内的不良社会情绪左右的现象?

王建民：和传统媒体尤其是纸质媒体相比，互联网能更及时地发布和传播信息。所以，很多新闻往往第一时间出现在网络上，而报纸刊登后往往成了“旧闻”。正因为如此，在报纸刊出新闻报道之前，网络舆论可能已经铺天盖地了，这样一来，传统媒体往往会受到网络舆论的影响，起码在逻辑上是这样。

但问题是，社会情绪不止一种，它有“好”也有“坏”，那么为什么传统媒体没有被“好的社会情绪”影响，而偏偏受“坏的社会情绪”影响呢？

其实，一些传统媒体有悖职业伦理的报道，可能不是受社会舆论影响的结果，而是这些媒体本身就缺乏客观公正的立场，即便没有社会舆论的影响，这种报道也会存在。“杨武案”发生后，一些媒体以“你太懦弱了”“世界上最窝囊的丈夫”评价杨武，口气大有咄咄逼人之势。“杨武案”发生后，一些媒体未经同意便进入杨武家门，对深受伤害的杨武夫妇寻根究底，甚至要求对方回答隐私问题。这样的行为，不仅有违新闻从业者的职业伦理，而且还侵害了当事者的人身自由。我把这种做法称为“弱势群体的再弱化”。就是说，媒体对一个弱者非但没有悲悯情怀，反而以高高在上的姿态对弱者的人身自由横加干涉，对杨武而言，这是对他的弱势处境雪上加霜。

我还是坚持前面的观点，社会舆论或社会情绪自有其“生态”，“坏的社会情绪”并不可怕，可怕的是它缺少多元的制衡力量。如果只有“好的社会情绪”或人们都认为一种社会情绪“好”，那反而有问题，因为这往往是以否定和抑制其他社会情绪为代价的。

因此，对于传统媒体而言，问题不在于如何回避“坏”的网络舆论的影响，而在于媒体从业者培育和坚持自身的独立性，以其独立分析能力甄别多元的舆论，用客观、公正、准确的报道引导社会舆论。社会舆论变化无常，而传统媒体（机构、从业者等）则相对固定，或许，以不变应万变，才是传统媒体应该坚持的原则。

赵金：为防止不良社会情绪在传统媒体上扩散，您对记者和媒体有什么建议？

王建民：我认为，媒体在报道社会事件时，首先是充分尊重事实本身，不该轻易下道德判断，即便需要对事实做出评价，也应建立在客观事实的基础上，而不是空发议论。例如，有媒体对杨武“你太懦弱了”的评价，便有失客观。在之前的“药家鑫案”中，一些媒体对药家鑫人格如何“自私偏狭”的判断，其实并没有充分的依据。虽然我们要扬善惩恶，但不能误将个人的揣测作为正义的象征。媒体不是私人闲聊的场所，而是代表一定的公共立场，尤其是对待弱势群体，不能为了吸引受众，以爆料明星八卦的方式将他们的“伤口”随意公开甚至娱乐化。

另一方面，还有一个思维方式问题。以记者为例，在我看来，记者在报道一个事件时，需要坚持一种“我—你”而非“我—他”的思维方式。“我—他”思维方式，其实是记者把被采访者当作自身之外的对象，是掌握话语权的“我”试图控制的对象。而在“我—你”思维方式中，采访与被采访者是平等的关系，采访者可以换位思考：如果我是对方，我该持何种态度，该如何提出问题，如何回应对方的反应。用我们社会学的术语说，这是一种“主体间性关系”而不是“主客关系”。秉持“主体间性关系”，能够尽可能地达到尊重当事者和事实本身的目的。

此外，在媒体如何引导社会情绪这个问题上，一个积极可行的办法是，媒体建立相对固定的“专家库”，记者和媒体在报道尤其是评论一个事件时，可以从相关专业人士那里寻求意见，因为社会现象多元驳杂，任何一个记者或任何一家媒体都不可能对所有事件做出客观公允的评价。

（原载《青年记者》2012 年 2 月上）

丙篇 03

和学生一同成长

任何一个教师，可能都会在日常的工作中体会教学相长的道理。教学相长不仅发生在课堂上，实际上体现在方方面面。我们可以把“教”宽泛地理解为和教师角色有关的很多活动，这样教学相长可以在读书会上，在日常交往中，或者在通信交流中。有时，师生之间在课堂之外的接触，可能给彼此留下更深的印象。学校是“铁打的营盘”，老师送走一批又一批“流水的兵”，在迎来送往之间，老师会获得很多美好的回忆。

“沙河听羽”读书会献词

山必有路，德必有邻。
有朋同乐，问渠听音。
为学日益，为道日损。
博观约取，文质彬彬。
择乡就士，群道入心。
反求诸己，推己及人。
生也有涯，知也无尽。
高卑远迩，天道酬勤。

注释：

“沙河听羽”：本书作者为个人组织的读书会起的名字。

“山必”句：“山必有路”取自中国谚语“车到山前必有路”，或“有山必有路，有水必有渡”。“德必有邻”取《论语·里仁》“德不孤，必有邻”之说。

“有朋”句：“有朋同乐”取《论语》“有朋自远方来，不亦乐乎”之意。又取自《孟子·梁惠王章句下》“曰：‘独乐乐，与人乐乐，孰乐?’曰：‘不若与人。’”“问渠”取自朱熹《观书有感》“问渠那得清如许，为有源头活水来”。

“为学”句：语出《老子》四十八章“为学日益，为道日损。损之又损，以至于无为，无为而无不为”。

“博观”句：“博观约取”语出苏轼《稼说送张琥》“博观而约取，厚积而薄发”。“文质彬彬”语出《论语·雍也》“子曰：质胜文则野，文胜质则史。文质彬彬，然后君子。”

“反求”句：语出《孟子·公孙丑章句上》：“仁者如射，射者正己而后发。发而不中，不愿胜己者，反求诸己而已矣。”《孟子·离娄章句上》也有“行有不得者，皆反求诸己，其身正而天下归之”之说。“推己及人”，儒家奉行的道德行为准则，《论语》中此类言论有“己所不欲，勿施于人”“己欲立而立人，己欲达而达人”。在《孟子》那里体现为“老吾老以及人之老，幼吾幼以及人之幼”等“推恩”思想。

“择乡”句：“择乡就士”取自《荀子·劝学》“故君子居必择乡，游必就士，所以防邪辟而近中正也”。《荀子·王制》曰：“力不若牛，走不若马，而牛马为用，何也？曰：人能群，而彼不能群也。”“君者，善群也。”这里的“群道”引申为群体团结，以过一种有意义的社会生活之意。

“生也”句：语出《庄子·养生主》“吾生也有涯，而知也无涯，以有涯随无涯，怠已”。这里引申为人生苦短、学无止境、珍惜光阴之意。

“高卑”句：“高卑远迩”，语出《礼记·中庸》“君子之道，譬如行远必自迩，譬如登高必自卑”。“天道”，指天地自然的运转之理。《论语·公冶长》有“夫子之言性与天道，不可得而闻也”之说；《左传·昭公十八年》有“天道远，人道迩，非所及也”之说。

（2016年教师节初稿，次日改毕）

读书与恋爱

1

读书与恋爱，极似点有三：常有精神享受，意会胜于言传，兴趣责任并重。

2

“书非借不能读也”，而恋人不可租借；书可“网购”，但爱情无法“快递”。

3

常有两类人：好读者与好色者。前者是书郎，后者为色狼。书郎读黄书，会成为色狼；色狼掩淫色，或扮作书郎。

4

好书与深情，或来自邂逅，或源于追求。邂逅常带来惊喜，终会归于平淡；追求需付出艰辛，往往积淀深情。所以，天意配人为，浪漫邂逅加辛苦付出，方得读书恋爱之欢愉。

5

你以怎样的方式读书，书就以怎样的方式读你；你以怎样的方式爱人，对方就以怎样的方式爱你。所以，死读书者，能把自己读死；爱错人者，会使自己错乱。

6

读书要读两面，正页与反页，精彩与平淡，赞同与疑问；恋爱也要爱两面，优点与缺点，诗画与油盐，青春与衰老。

7

女人是书，要读，而且要读懂细节；男人是书，需品，而且需品出味道。

8

读书与恋爱，皆需闲适恬淡之心，否则，纸张使人乏味，感情徒增无聊。

9

读书、恋爱之大敌是心有不专，朝三暮四或左顾右盼。结果，自觉不喜欢，原是不认真；以为无意义，实为未用心。

10

喜爱一本书，如同深恋一个人，读与被读之间，心意相通为上。

（作于2013年春）

说“兴趣”

常有同学说：“我对所学专业不感兴趣。”其实，这一说法的背后可能有很多潜台词：或因未被录取到所期望的专业而心有不甘，或没有真正静下心来了解所学专业，或以想象中不同专业就业前景的差别来衡量其“优”“劣”，如此等等，不一而足。有感于此，撰此片语。

1

“趣”者，“走”而“取”也。勤于实践——行动和追求，兴趣才能产生并持久。兴趣如酒，其产生，在一个“酿”字，渐积而成；其持久，在一个“陈”字，静默生香。

2

“所学之业”不等于“所专之业”。对“所学之业”没兴趣，并不足惧，可探寻“所专之业”并持之以恒，当有所成。

3

“没兴趣”或为“不努力”的变相表达。初涉新领域，始读专业书，预期兴趣骤降，几无可能。若以“没兴趣”为由懈怠或放弃，则错失自我发现之机会，或缩减自我拓展之可能。

4

“没兴趣”常为虚度时光之借口，或厌弃所学专业之理由。此种姿态，或非专业兴趣之由，而是生活态度之故。所堪忧者，非对专业之无趣，乃对生活之寡欢。

5

兴趣是动力，抑或为遮蔽。譬如，只读符合一己兴趣之书，或许仅加固了一己成见。读书、学习，为人、处世，兴趣仅为动力之一，而非全部，亦不应为全部。

6

逐浪学海，兴趣浓者远。然，兴趣与目标之间，需由责任、毅力、汗水甚至泪滴筑路。若仅凭兴趣行事而罔顾其他，其所及或将有限，一如浅滩戏水，屡见细浪之去还，却难识深海之幽远。

7

对专业经典著作，有兴趣读之，无兴趣亦应读之。经典之优劣，不在于读者兴趣之多寡，而在于其自身之高度，但读者常因个人之故，而将一部佳作弃如敝屣。初学者，常存此倾向。

8

初读专业经典，或一头雾水，不知所云。此种情况，极为平常。专业非洒水扫地，一学即会；名著非街头小报，一瞥便懂。基于“容易”之兴趣，犹如沙滩之城堡，或一时华丽，然根基不固，必难长久。

9

人常说，“兴趣是最好的老师”。毋宁说，人是兴趣的主人。兴趣不在身外，而深藏体内，好恶趋避，存乎一心。

10

若为功利性目的纠缠，兴趣将沦为手段，渐行渐远，非外力而难以为继。易言之，兴趣或有真假之分：“真兴趣”如幽谷清流，虽默然无声，但源源不断；“假兴趣”如广场喷泉，可哗然升降，但全凭外力。

11

兴趣非一成不变，亦不必一成不变。凭有无愉悦之感、超越之念、不悔之心，可察兴趣之存变，或辨识其伪真。

12

人生之路修远，常以站台为伴。大学乃重要一站，但绝非终点，去何处需看路线；专业为站台景观，莫视而不见，若凭栏自有青山。莫以“没兴趣”为由虚度大学、轻看专业，盖因前路尚多，重在选择。

（初稿于2012年12月，2015年10月修改）

诗咏西方社会学名家

对于低年级大学生来说，对本专业的了解往往是通过学习该学科的理论史或思想史实现的。社会学理论史或思想史之重要性已无需多言，在最根本的意义上，它是引领学生了解学科由来、发展阶段、主要人物、核心理论等的重要基础。但问题是，社会学是西方舶来品，国内社会学理论课主要讲授的是西方社会学理论，它包含大量概念和判断，这些概念和判断对社会学的初学者来说显得比较生疏晦涩。因此，想激起学生对这门课程的兴趣并不容易。如果能用最简洁的语言将和一个理论人物有关的概念串联起来，使学生提纲挈领地学习和记忆，或许会改善学习效果。进一步说，如果这种总结方式再在语言上达到整齐工整、读来朗朗上口的话，效果会更加明显。例如，关于一个理论人物的复杂理论，可以概括成一首七言诗，用56个字压缩的理论观点，既便于记忆，也易于回忆。因此，如果能剪除理论的晦涩，嫁接上诗的含蓄，无疑会给西方社会学理论课增色不少。

这里以西方社会学史上的8个古典理论家为例，用诗歌的方式加以总结。取名为《诗咏西方社会学名家》，每个人物概括为一首七言诗，并辅以简要解释。这些“诗”在平仄韵律上并不“标准”，但希望通俗而易于记忆，并力求包含足够多的信息。当然，毕竟56个字所涵盖的内容有限，有些概念尚在诗外，因此，对社会学理论进行更深入的了解，尚需学生阅读社会学经典著作。

社会学名家评说之一：奥古斯特·孔德

自然人世本无隔，
万象群学由孔德。
知识发展三阶段，

进步秩序两相合。
实证学坛常罗雀，
人道宗教诟病多。
孤独穷困终身事，
贤愚成败怎评说？

简释：一二句：孔德认为，自然现象与社会现象没有本质区别，可以用自然科学的方法研究社会生活、发现社会规律。他把人类历史上的学科发展分为数学、天文学、物理学、化学、生物学和社会学六个阶段，社会学位列高阶，它包罗万象，是在众学科的基础上发展起来的。三四句：孔德把人类思维或人类知识的发展分为神学阶段、形而上学阶段和科学阶段，相对应的社会发展阶段是军事时期、过渡时期和工业时期。孔德把秩序（社会静力学）与进步（社会动力学）作为研究主题，进步是秩序的发展，秩序是进步的凝结。五六句：孔德把自己开创的思想叫作“实证哲学”，他开班授课，讲授实证精神，虽然一开始吸引了众多阅听人，但这些人最后都离他而去。他晚年提出的“人道宗教”思想也招致很多批评，被认为太过随意而缺少充分的依据和论证。七八句：孔德经历了法国的七个政权，在物质和精神上遭受双重痛苦，虽然后人将其尊为社会学鼻祖，但未必了解和体会到“光环”背后孔德生活中的种种不幸。

社会学名家评说之二：赫伯特·斯宾塞

群学亚圣斯氏也，
客观中立胜孔德。
社会宛若生命体，
三大系统紧配合。
机体进化类型多，
尚武工业广传播。
力辩自由反约制，
群己权界待分说。

简释：一二句：孔德被称为社会学之父，而斯宾塞被尊为社会学“亚圣”。斯宾塞声称，孔德只是根据观念解释社会发展，而他自己要追求彻底的客观性。三四句：斯宾塞将社会比作生物有机体，研究其生长进化的规律。和生物有机体一样，社会有机体包括三个最重要的系统：营养系统、循环系统、神经系统，只有三大系统彼此配合，社会才会健康运转。五六句：斯宾塞对社会进化进行了多种类型划分，最有名的就是他对尚武社会和工业社会的划分。七八句：斯宾塞坚持自由放任主义，反对国家对个人事务的干预，但同时，他又觉得国家在一些问题上可以采取强制措施，所以个人与社会的权利界限问题（群己权界，严复曾将约翰·斯图尔特·密尔的《论自由》［On Liberty］译为“群己权界论”）在斯宾塞那里并没有得到很好的解决。

社会学名家评说之三：埃米尔·涂尔干

问祖应寻涂尔干，
边缘群学登教坛。
社会分工开宏论，
机械有机团结观。
方法准则成一言，
自杀类型分四端。
宗教生活源何处？
神仙在世不在天。

简释：一二句：涂尔干毫无疑问是社会学的最重要的奠基人之一，他的思想启发了无数后人的研究。而且，在法国，他第一次把社会学搬上了大学讲坛，对于社会学的学科建制贡献甚巨。三四句：涂尔干在《社会分工论》中提出了著名的机械团结和有机团结的类型学划分，成为社会学理论中的一对经典范畴。涂尔干社会团结理论的要旨是探索个人与社会的连结。五六句：方法论著作《社会学方法的准则》系统论述了社会学的研究对象和方法，并将其应用到经验研究中，其成果是《自杀论》，该书提出了三种主要的自杀类型（利己型、利他型和失范型）和一个附带类型（宿命型），讨论了自杀与社会整合的关系。七八句：涂尔干晚年的著作《宗教生活的基本形式》提出一个重要观点：人对社会力量的崇拜和敬畏，是原始宗教得以产生的根源，不是神创造了社会，而是社会创造了神。

社会学名家评说之四：卡尔·马克思

社会发展有根由，
基础之上建高楼。
商品已成拜物教，
剩余价值被人偷。
异化劳动怎罢休？
无产阶级引潮流。
风吹黄卷青灰落，
激情能燃几个秋？

简释：一二句：马克思的历史唯物主义认为，社会发展的根本动力是生产力和生产关系的矛盾运动，生产关系要顺应生产力的状况，上层建筑要顺应经济基础的状况。三四句：在马克思看来，在资本主义社会中，商品似乎已经成为一个神秘的自我运行的系统，不依赖于人的力量而存在，人们因此对其顶礼膜拜，但在貌似客观的经济规律的背后，实际隐藏着资产阶级对无产者的剥削，对其剩余价值的占有和榨取，这才是资本主义经济的真正秘密。五六句：马克思分析了资本主义社会异化劳动的四种形式：工人同劳动产品的异化、同人同劳动活动的异化、同人的类本质的异化、人与人关系的异化，并认为异化要通过消灭私有制和无产阶级革命来克服。七八句：在革命年代之后，真正认真阅读马克思理论的人似乎不那么多了，其理论所引发的改造社会的热情似乎也在冷却。

社会学名家评说之五：格奥尔格·齐美尔

名实常辩难分舍，
交往形式宜斟酌。
统治服从分层序，
聚合离散看规模。
冲突学说谱新曲，
文化理论唱悲歌。

学人常念齐美尔，
独享边际尚洒脱。

简释：一二句：齐美尔的社会形式论在一定程度上化解了社会唯名论和社会实在论之争，体现了古典社会学理论中的一种微观取向。三四句：统治与服从是两个相对应的范畴。服从分为服从个人、服从多数人和服从规则。群体凝聚或离散和群体规模有关，齐美尔对二人群体和三人群体的特质与差异进行了分析。五六句：齐美尔认为冲突是正常的社会交往方式，而未必完全是破坏性的，冲突具有情绪宣泄和社会整合的积极功能。其文化理论及主客观文化矛盾学说，表达了他对现代性的忧虑。七八句：齐美尔是犹太人，在德国大学中没有得到正教授的席位，始终是个“边缘人”，但他的一些简洁明快、灵活深刻的文字，却让人看到其思想洒脱的一面。

社会学名家评说之六：马克斯·韦伯

群学三足有其一，
价值中立不可欺。
进步岂止生产力，
宗教伦理辨东西。
权威政治可类析，
除俗祛魅尚法理。
韦伯若见铁笼摧，
大师来生能无泪？

简释：一二句：马克斯·韦伯与涂尔干和马克思一起被称为社会学的三大奠基人。韦伯强调价值中立的方法论原则，反对把个人的价值观带入研究过程中。三四句：韦伯认为，马克思解释资本主义经济发展的模型是有限的，他从文化观念的角度寻找近代理性资本主义精神形成的文化根源，并用这种分析方式比较不同国家或地区的宗教伦理对经济和社会变迁的影响，开创了文明比较的社会学研究。五六句：韦伯划分了三种权威类型：传统型权威、超凡魅力型权威和法理型权威，法理型权威是社会理性化的重要方向，这是社会世界的“祛魅”过程。七八句：韦伯认为社会理性化尤其是科层制，是现代人不得不钻进去但又难以逃离其困境的“铁笼”，并表露出对现代性前景的忧虑。

社会学名家评说之七：斐迪南·滕尼斯

群学体系分三元，
意志类型划两边。
社会利益多羁绊，
社区情感常挂牵。
生活形式有偏爱，
隐忧情怀见一斑。
若可比照涂尔干，
滕氏思想更悲观。

简释：一二句：滕尼斯将社会学分为纯粹社会学、应用社会学与经验社会学三个层次，将人的意志类型分为本质意识和选择意志两种，两种意志类型与社区与社会这两种社会类型相对应。三四句：在比较的意义上，社会主要靠利益关系联结，而社区主要靠情感纽带整合。五六句：滕尼斯更偏爱社区型的生活方式，认为社会类型的生活方式充满了利益计算和人际淡漠，这也体现出他对现代性的担忧。七八句：滕尼斯对社区与社会的划分，与涂尔干对机械团结和有机团结的划分类似，但和涂尔干将有机团结看作一种更高级的团结形式不同，他对“社会”类型的发展抱持相对“悲观”的态度。

社会学名家评说之八：维尔弗雷多·帕累托

理性主义要商榷，
原因当问帕累托。
行为逻辑分彼此，
剩余派生两物别。
开卷最似君主论，
尊贤尚动有豪杰。
狮王唱罢狐登场，
精英循环本无歇。

简释：一二句：帕累托认为，理性行为只是人类行为中的一部分，而更多的行为其实是非理性行为，社会学应该多关注人的非理性层面。三四句：帕累托区分了两种行为类型，即逻辑行为和非逻辑行为。支配行为的两种力量是剩余物和派生物。五六句：帕累托对政治的看法和马基雅维利《君主论》中的观点相类似，他崇尚英雄人物的统治，认为开放的社会有利于精英的出现。七八句：帕累托借鉴马基雅维利的做法，以狮子和狐狸比喻两种不同的政治家类型，前者勇猛持重，后者狡黠善变，但无论哪种，都是“你方唱罢我登场”，政治的历史只是精英循环的过程而已。帕累托的理论在一定程度上揭示了政治的人性基础以及现代政治的“虚假性”。

（原载《社会学家茶座》2013 年第 1 辑，收入时略有改动）

在日常生活中思考人生的意义：与王同学的通信

王老师：

您好!

您很关心我们的生活和学习，经常询问我们的生活情况，督促我们学习，教导我们如何面对自己的人生，我心中很感激您。然而，也同时产生了一些矛盾和困惑。您常问的一个东西就是我有什么问题可以向您寻求帮助和解答，我总是没有什么问题问您，然而显然每个人的生活都不可能十全十美，但也许问题并不在于不知道答案，而是你知道答案却不能按照那样去做而已。

您今天提到了易卜生的一句名言“你最大的责任就是把你这块材料铸造成器”，然而我不知道这是否就是人生最重要的意义。那么，人活着到底是为了什么呢？到底人的一生什么才是最重要的呢？很多问题不能这样想下去，它没有一个解答，然而生活却还是要这样一步步地继续下去。于是又只能说“人是为活着自身而活着”，人活着就是这样一种自然的状态，它是一个既定事实，并非为了什么而活。那么人为什么会有“把你这块材料铸成器”这样的责任呢?

您今天说人要能够独立思考，有自己的想法。可是哪个人的想法真正是自己的呢？外界的各种思想、各种理念向一个人灌输而来，每个人的想法都是受其经历所影响而形成的，一个人有什么样的思想和理论完全在于这个人接触过什么样的思想、文化和环境，又如何能说是“自己的想法”呢。许多学者对一个问题持有不同的见解，很多情况并不是分析上的科学性、全面性方面的“技术”上的问题，而是由于思维方式、价值观的不同。人独立思考的意义在于不被蒙蔽而更接近真理，但是谁能保证自己不被自己蒙蔽呢？或者在你毫无察觉的情况下就已经被你的经验、你的思维方式所蒙蔽了呢？这样种种不同的观点孰对孰错永远不得而知，那么独立思考本身其实也就并不能使你更接近真理，只不过是总不至于为别的利益所利用。我认为真理是存在的，却永远不能被指出。这些困惑和矛盾难以解决，而似乎思考也不能取得多大的意义，唯一能做的只有不想它。这种想法似乎是有一种怀疑主义逃避问题的感觉，但我觉得无能为力。

希望得到老师指点。

学生：×××

×××同学：你好！

谢谢你提出的问题，它们给了我很多启发。有时，提出一个好问题，比回答一个问题更重要。根据你提问的次序，我有如下几点思考和回答，以此与你共勉。欢迎你回应和批评。

一

你提到了易卜生的名言“你最大的责任就是把你这块材料铸造成器”。我想它告诉我们的不是“人生最重要的意义是什么”这样的终极问题，而是一个人要通过学习、思考和实践让自己不断进步的道理。

“铸造自我”可以体现在细微的生活中，而不必受一个抽象的“人生意义”引导。我们可以这样做，在一天将要结束的时候，轻轻地问自己：我一天都做了哪些有意义的事？今天我读书了吗？我关心父母的身体了吗？或者问自己：我做了哪些不该做的事，我虚度光阴了吗？我说过伤害他人的话吗？等等。这些问题比较容易思考和回答。我想，对自己提出的这些问题的思考，就是对“人生意义”的思考。

对一个学生而言，“把自己铸造成器”并不是一个模糊的说法，它体现在很多方面——表达能力、写作能力、组织协调能力、分析问题的能力、调节自己情绪的能力，等等。这些能力或其中的某些方面，是需要而且能够通过学习和实践获得的。这些能力的形成，同样来自日常的学习和生活中，正所谓“功夫在平时”。

二

你问道："人活着到底是为了什么呢？到底人的一生什么才是最重要的呢？"根据我个人的经验和感受，人往往在无事可做的时候才会想这样抽象的问题，如果你的身心被当下忙碌的事情占据着，可能根本没有闲暇去思考"人生为何"或"人生何为"这样的问题。

当然，并不是说这一思考没有意义，每个人都会遇到、会想过这个问题。德国哲学家卡西尔在《人论》的开篇写道："认识自我是哲学探索的最高目标。"这句话同样适用于个体的人，而认识自我，便包括对"人生的意义是什么"或"人活着为了什么"这样问题的思考。

但是，在我看来，"人生的意义是什么"的答案，无法仅仅通过思维本身获得，而是要转化成对具体问题的思考和体悟。比如：我今天过得有意义吗？我读这本书有意义吗？我参与了一次志愿活动有意义吗？我宁愿把钱都花在吃穿上而不愿买一本书有意义吗？如果每天都做有意义的事——哪怕是很小的事，那由"每天"构成的人生不也就有意义了吗？

对我而言，作为一名教师或本科生导师，我觉得找学生聊一聊学习和生活情况，就是有意义的事；我觉得给你们买几本好书，尤其是这些书能对你们有所启发，对我来说就是一次人生意义的实现。能够对你们的成长有所帮助，就是我身为人师的"意义"。此外，我身为人子、身为人夫、身为人弟、身为人友，可以做很多有意义的事。《孟子》有云："挟泰山以超北海，语人曰：'我不能。'是诚不能也。为长者折枝，语人曰：'我不能。'是不为也，非不能也。"由此反观自身，有时我们不去做一件有价值的事，不是"不能"，而是"不为"。"能而不为"也许就是对人生意义的折损。

我们还可以反过来思考：什么东西没有意义？有时，说"没有"比说"有"更容易。不做没有意义的事，"意义"已经成就了很多。比如：早晨七点钟醒来不起床，要贪睡到九点、十点、甚至中午，这没有意义（生病或其他难以克服的情况除外），因为这段时间用来读书、学习或锻炼身体更有意义，哪怕是到校园里散步呼吸新鲜空气，也比蜷缩在床上有意义。再比如，一天时间都在上网看"娱乐八卦"没有意义，虽然适当娱乐或放松无可厚非，但长时间上网会对身体尤其是颈椎和视力有害，也会让人难以静心于书本。

三

根据我个人的理解，余华的“人是为活着自身而活着”这句话的意思是，人不是为了政治活着，不是为了家庭活着，不是为了爱情活着，推而广之，不是为了某一种或几种“价值”或“标准”而活着。只有坚持“为活着而活着”，才不会因为政治的变革、家庭的变故或爱情的去留而丧失生存的勇气和生活的意义。因此，“活着”本身就是一种意义。

当然，政治、家庭、爱情等会支撑人生的意义，但这一切都应以“活着”为前提。比如，中国政法大学前校长江平教授在《沉浮与枯荣：八十自述》中回忆自己年轻时的遭遇，他新婚不足一个月，就被戴上“右派”的帽子，妻子迫于政治压力提出离婚。离婚不久，江平在“劳动改造”时因为意外被火车轧断了一条腿，终生靠假肢走路。江平给自己树立的人生信念就是：一定要坚强地活下去！这样，才有他后来的成就和社会影响。

我想，在很多情况下，人之所以会自杀，就是因为他或她为之活着的那个“价值”或“标准”坍塌了，没有了支柱，生命也就倾倒了。余华在《活着》中塑造的福贵，经历了政治动荡、家道衰落、硝烟战火和亲人亡故，但依然活着，顽强地活着，“活着”成就了他人生的意义。

也许，“人是为活着自身而活着”与“把你这块材料铸造成器”并不矛盾。“把你这块材料铸造成器”说明一个人只有具备自主的肉体、独立的思想和健全的人格，才会成为“自己”，才会为“自己”而活着，才不会在某种外部强制力量的支配下或自己不喜欢的生存环境中活着。退而言之，即便周边的环境并不如意，我们依然能够不断改变自己，让自己快乐，使自己进步，可能的话，也带给他人快乐，帮助他人进步。

四

你说“哪个人的想法真正是自己的呢？外界的各种思想、各种理念向一个人灌输而来，每个人的想法都是受其经历所影响而形成的，一个人有什么样的思想和理论完全在于这个人接触过什么样的思想、文化和环境，又如何能说是‘自己的想法’呢?”

我想，你的提问本身已经包含了这个问题的答案。一方面，任何人都是社会人，他头脑中的一切观念都来自外部。另一方面，虽然人是社会人，但也是相对独立的个体，每个人的个性和经历都各不相同，每个人都会形成你所说的“自己的想法”。外界的信息多元驳杂，往往淹没了一个人独立思考的个性。例如，张悟本说“喝绿豆汤可以包治百病”，媒体也随声附和，很多人便趋之若鹜，这就是盲从，不是独立思考。尤其在互联网时代，我们被一系列信息所包裹，各种信息强烈地影响我们对人和事的判断。但这也从反面说明，环境越是如此，越显示出独立思考的可贵。

当然，独立思考，绝不意味着要“独立”到与别人观点隔绝、不受外界影响的程度。独立思考，不是为了哗众取宠，不是刻意彰显自己的“另类”，而是为了丰富自己的思想和性情，为了充实我们明辨是非的头脑，为了在人生无数次的选择中更好地辨别方向。

你说:“人独立思考的意义在于不被蒙蔽而更接近真理，但是谁能保证自己不被自己蒙蔽呢?”你问得非常好，可以说思考得很深刻。确实如此，人有时会被自己蒙蔽(其原因我们无法一一罗列，比如所处环境，他人的影响，所受的教育等)。为了减少来自他人或自我的蒙蔽，就需要独立的思考能力、理解能力、分析能力、判断能力，而这些能力——“去蔽”的能力——可以通过后天培养获得。读书、写作、与他人交流，是培养这些能力的重要方式。这也是我一再建议甚至劝说大家多读书、读好书的重要原因。我赠送给你们《自由在高处》一书的用意也在于此。

你的另一个思考很好:“或者在你毫无察觉的情况下就已经被你的经验、你的思维方式所蒙蔽了呢?”确实如此，我们自以为正确的，可能是错误的；自以为美丽的，可能是丑陋的；自己为优雅的，可能是粗鄙的；自以为自由的，可能是强制的，等等。正因为如此，我们才需要不断读书、学习、思考，不被他人的一家之言或自己狭隘的思维所束缚。你说的“独立思考本身并不能使你更接近真理，只不过是总不至于为别的利益所利用”也是这个道理。思考并不总是和“真理”这样的抽象观念联系在一起，而是可以更实在具体。比如，有人主张废除死刑，有的人认为不该废除，是“存”是“废”可以通过分析思考得出相对明确的结论。如果脱离具体时间、地点或事件，“真理”很难讨论。

五

回到开头的观点：思考不必太抽象，可以植根于日常生活中。暂且搁置“人生的意义”这个将伴随我们终生的问题，我们可以尝试在每天的日常生活中进行思考。苏格拉底说：“未经省察的人生没有价值。”我们要省察：太阳每天都是新的，那我自己每天是新的吗？读一本书，如果今天读了第一页，明天是第一页，后天还是第一页，就需要自我反省了，有了反省，再有了行动，也就有了生命的价值。“人生的意义”来自日常生活，来自为改变一个小缺点而采取的行动，来自坚持学习和自我反思的人生态度。

附上一篇哲理短文《人生的意义》，这篇短文我曾经推荐给很多同学，其中有句话我很喜欢，也送给你：“让我们的一生不是因为偶然而变得重要，不是因为环境而变得重要。而是我们自己的选择，选择让自己的生命有意义。”

选择未必是对大是大非的抉择，同样可以体现在具体而微的生活中。“你无法决定太阳几点升起，但可以决定自己几点起床。”这也是一种选择。有时，难以做到的不是“大事”，而是像“几点起床”，“每天背几个单词”，“每个月读几本书”这样的“小事”。无数“小事”做好了，也就成了“大事”。

希望我的回答或者说我们的交流，对你的学习和生活有所帮助。

祝你不断进步！

师友：王建民

2011 年 5 月 12 日

附：

人生的意义

不管你是否准备好，有一天一切都会结束。

不再有旭日东升，不再有灿烂白昼，不再有一分一秒的光阴。

你收藏的一切，不论是弥足珍贵的还是你已经忘记的，都将留给别人。

你的财富、名望和权力都将变成细枝末节的事情。

不管你拥有的还是别人亏欠的，都不再重要。

你的嫉恨、冤仇、挫败和嫉妒之心终将消失。

同样，你的希望、雄心、计划和未竟之事都将终止，曾经无比重要的成败得失也将褪色。

你来自哪里，用什么样的方式生活都不重要了。

你是貌美如花或是才华横溢也不重要了。

你的性别、肤色、种族都无关紧要了。

那什么变得重要了呢？你有生之日的价值怎样来衡量呢？

重要的不是你所买到的，而是你所创造的。

重要的不是你所得到的，而是你所付出的。

重要的不是你的成功，而是你的价值。

重要的不是所学到的，而是你所传授的。

重要的是你的每一次正直、怜悯、勇敢和牺牲之行为能够使人充实，让人强大或能够激励他人，让他们以你为榜样。

重要的不是你的能力，而是你的性格。

重要的不是你认识多少人，而是在你离开时，有多少人感到这是永久的损失。

重要的不是你的记忆，而是爱你的人的记忆。

重要的不是你为人所怀念的时间有多长，重要的是谁在怀念你，重要的是他们为什么怀念你。

让我们的一生不是因为偶然而变得重要，不是因为环境而变得重要。而是我们自己的选择，选择让自己的生命有意义。

与卜同学的通信

王老师：您好！

我是卜××，没有什么特别重要的事情，我就是想对老师说声谢谢。

其实我们还有机会碰面，现在写感谢信好像有些操之过急，但我就是有感而发，有很多感谢想对您一吐为快，本来想寄纸质信给您，但是不好意思问您的通信地址，就想着发邮件了。信不长，所以请老师抽出那么一丢丢的时间来看一下啦。

老师您教授了我们三个学期，说起来是不短的时光，可实际却一晃就过去了，现在回想起来也散发着令人回味的气息。其实上了大学后发现大学生活和自己憧憬的样子还是有很大差距的，想象中的自己应该是热血的，有很多愿意投入的事情，但事实却相反，一切都平平淡淡，对许多活动，上课，甚至是玩乐都是不经意的蜻蜓点水，看似引起了波澜却只是浮于表面。特别是教师方面，和高中截然不同，高中的时候有很多喜欢的老师，被他们或严肃或可爱的风格吸引，就算对有的老师讨厌，那也是一种情感，可是到了大学，从最初的期待已经变成什么老师上课都无所谓了，只是麻木地看着老师在讲台上传授知识。

但是自从您教了我们之后就不一样了。每天一想第二天有您的课就特开心特幸福，上课的时候也超级认真，恨不能把老师说的每句话都记录下来。其实刚开始的时候对您的课并没有那么高涨的热情，我也忘了转折是从何时开始的，就渐渐地品出了老师上课的味道。那不仅仅是一种知识的传授，还是价值观和情感的传递。无论是中国古代思想家还是西方社会社会学家们的见解，我觉得您有一条始终如一的主线在里面——反其道而行。当社会上的人都在汲汲于名利，跟风作势时，您告诉我们要做自己真正喜欢的事情；当大二大家都开始为了各种其他目的而特别在意成绩和综测时，您告诉我们不要变得患得患失，要不忘初衷，保持一颗纯粹的心；当我们自然而然地接受现行制度的安排，对社会现实习以为常时，您告诉我们要时刻保持反思的态度，鼓励我们独立思考。就像你说的就算我们将来不在这个领域中，我们所学到的知识也会影响着我们理解自己，身边的人和世界的方式，它们已经深深地融入到了我们的生命当中，陶冶我们的性情。

老师，您总是那么沉稳，谦逊，睿智，有一种与世无争的气质，就是典型的那种谦谦君子的形象，我特别向往能成为您那样淡然简约的人，这样生活中的人和事可能就会明朗许多。无论思想家的观点多么晦涩艰深，您都能深入浅出，明白晓畅地讲解给我们，偶尔的一句话对处于“大学迷茫期”的我来说像是明灯又像是警钟。就像身处迷雾中的人猛然惊醒，才恍然自己的偏离，赶紧转向，为时未晚。真的，老师，有时候觉得您说出的话都像名言一样，应时时拿出来拜读一下，提醒自己。

最后，再次感谢老师对我们的授业解惑，和您交流的过程中觉得精神都变得丰盈饱满。以后要是遇到了什么困难坎坷，这段时光会成为支持我们继续前行的动力，它就在心脏的某个位置发着光，照亮了曾经的岁月，也温暖着今后的路途。

谢谢您，老师，祝您生活愉快，平安幸福。

您的学生：卜××
2017 年 7 月 27 日

卜××：你好！

非常高兴收到你的来信，抱歉有事耽搁，没有及时回复。能有学生推心置腹地和老师交流，无论是肯定的意见，还是批评的话语，都是一种幸福。

谢谢你对我上课和风格的评价，虽然还有很多令自己不满意的地方，但有学生给予肯定，还是非常高兴的。也顺便谢谢你，几乎每次上课都是坐在第一排，很认真地听课，这种姿态，使人感到备受尊重，也会使人以敷衍懈怠为耻。

对一个大学教师而言，最大的幸福，或最大的挫败感，可能都来自课堂。当自己很投入地讲课并吸引了学生的目光，一天的心情都会轻松愉快；相反，如果自己疲惫倦怠，又令学生昏昏欲睡，会感觉很失落，甚至很自卑。

我从 2008 年登大学讲台，已有整整九年。这九年，逐渐有了一些自己的感受和思考，我总结了八个字——“至简思维，日常功夫”。我希望自己，也希望我的学生，把事情看得简单一点。简单，不是忽视或轻视，而是用较为平静淡然的心态对待人和事。比如，作为一个教师，怎样看待自己的职业和事业，怎样去影响你的学生，怎样的生活让你觉得有意义。这样想时，就会发现，有些短期的、功利性的东西是不重要的，与此保持一定的距离，人会更明白当下应该做什么，也更容易看清未来的方向。对学生而言也是如此，记得我也和大家说过，用心读书、珍惜时间、与人为善、自我反思，是所有人都需要去做的，这是根本，是“简单”，如果没有这个，再多的目标、理想、设计，可能都难以实施或实现。

从教九年，越发觉得，认真地备课、把课讲明白，不仅是对学生的交代，也是对自己的交代。往小处说，这是对每次课的态度；往大处说，这涉及一个人该明白怎样的生活值得追求。等你们走出校门、迈向工作岗位之后，也会逐渐发现，真正支撑你愿意在职业上投入并感到快乐的，一定是你内心深处最向往的东西，如果长期偏离了它，就会没有方向，就会感到不安。米尔斯说：“选择做一名学者，就是选择了一种生活方式。”我想，对任何行业、任何职业的人来说，都是成立的。我们所做的事，一定要和自我定位、自我要求、自我实现直接相关，才会乐在其中。

大学阶段，是人爱思考爱探索的阶段，正因为如此，才会感到有些迷茫。思考会让人有豁然开朗的快乐，也可能带来焦虑的感觉，这都是好事，说明人在和自己对话。而无所事事则意味着没有方向，找不到和自己对话的方式，久而久之，“重整自己”就比较困难了。所以，站在同样的起跑线上的人，在过程和结果上会有很大的差别。

和高中相比，大学不会给人提供一个明确的目标，似乎师生之间也不再有像“高考”那样的共同“使命”了。这会让人有无方向感，但正因为如此，大学才更锻炼一个人如何在年满 18 周岁之后管理自己和要求自己。这是个多少有些悖谬的关系：要想成长更好，就要承担更多。不管怎样，做好“日常功夫”是我们所有人都需要去做的，也能够做到的。

我个人组织的“沙河听羽”读书会下学期还会继续。上学期读的是《论语》，每周读一章，还没读完，下学期接着读。如果你有兴趣，欢迎参加。

祝假期有一份好心情！

王建民

2017 年 7 月 31 日

与魏同学的通信[1]

王建民老师：您好！

我是魏××，昨天下午听过您关于大学生发展的指导，给我的心灵带来了很大的触动，我觉得我之前一直想不通的问题想清楚了，下面我想谈谈我的看法，您要是有时间可不可以看看我的想法，是否偏激或狭隘。

（注：回信根据来信讨论内容的顺序，一一作答，穿插在了原文里以楷体标示）

你做得很好，能够积极和老师交流，而且这么快把想法变成文字，看得出你是比较用心的同学，而且文字表达能力也不错。就我而言，你能和我交流，是对我的信任，我也很高兴。

我之前在高中的时候就很不满意考试的出题，就拿高考来说吧。英语考试作文的阅卷就如同四级一般，老师很快就会看过去，不会停留太长的时间。因为这种现象的存在，老师要求我们要把自己的书写练好，而且那时我们有过强硬的训练，每天要交一张衡水体英文字一张，那时我很不满意，而且也不怎么配合，由于任性专门要把自己的字写的花哨，也引起了老师的不安。但我心里还是不怎么想得开，我觉得应该是要注重学生的英文水平和运用英语表达的能力，字写的好坏并不能表明学生真正的水平。

对英语老师的要求有些不满，我很能理解。不过，可能也需要换位思考：如果我是英语老师，在那么重视考试成绩的情况下，同时书写又会对阅卷有影响，“我”会怎么做？

其实，老师的成长也是环境塑造的，在现有的高考制度下，老师的

① 本文是2017年12月5日在北京中医药大学讲座后与该校魏同学的几封通信。

选择余地有限，因为老师要完成学校的要求；在应试教育下，不出成绩的老师可能就不认为是“好”老师。实际上，如果把我们放到那样一个环境里，我们可能和自己的高中老师十分相像。

很多事我们都不一定同意，如果无力改变，可以尝试去理解。有了理解，虽然事情没变，起码我们的心态会平和些。

但昨天我听完您的讲课后豁然开朗，那就是无论是高考还是四级，六级，医生执照，都是一样的，再到将来雅思、托福，以及我们日常的考试，都只有一个目的，那就是检验你对套路的死记硬背以及应试技巧的掌握，而真正的能力不是从这些考试中被发现出来的。

关于考试，有时也需要换个角度思考，应试成绩的高低，也不完全靠应试技巧，还需要毅力和付出。甚至有些时候，比如出国要靠托福雅思，也需要忍受一些痛苦。越是高远的目标，可能就需要承受得更多。

这也就解释了为什么有的人在上学期间成绩十分的优秀，但到具体工作时也不是特别突出的原因。所以，对于我自己来说，我学医是为了能够真正地帮到别人，让病人从痛苦中走出来，我追求的不是一份工作就好，而是真正做些实事，所以这就启发我在大学以及研究生的阶段应该如何去学。

昨天我也讲到，决定人未来发展的，可能根本上还是个人的努力和品质，虽然家庭出身、运气等也会影响，但努力和品质是我们自己相对能够掌控的。处在同一起跑线上的同学，未来会拉开距离，原因可能也在于此。

首先，对于认证性的考试要学会技巧，比如四级作文的书写，但不能把那种书写作文的方式带到我的日常。

非常认可，应试有套路，生活要有弹性。

其次，自己的专业知识的学习不能奔着考试去，在期末的时候抱佛脚争取及格，而是要在平时的学习过程中把自己的专业当成自己的生活，拉近自己与专业的距离。

是的，功夫在平时。即使有些课程和考试需要背，也不要太抵触，这其实就是学生的重要职责。据我的观察，有些同学不愿意认真对待期末考试，其实不是因为考试本身多么痛苦，而是自己不愿尽责。

不管将来是否从事医生这个职业，学好医学都是一个很有用的技能。

很多专业是相通的，学得好或不好，有时不在专业本身，而在学习者自身，无论什么专业，要想学好，都需要踏实、认真、自律、时间管理等方面的品质，这是共通的。

再有就是，虽然北中医是一个极其专业化的学校，虽然身边的同学都认为学好医学就好，什么音乐、文学都是与我们没有关系的，但我要求我自己，在大学的期间打开自己的视野，开阔自己的眼界，接触更多方面的知识，不仅仅局限于医学。因为我认为大学是一个培养完整的人的地方，而不是专家。

是的，和更长远的“生活”或“人生”相比，专业只是一个部分，它还要服务于我们如何去面对和经营生活，并从中体会生活的美好。而生活的美好，不是一个专业就能够带来的，我们需要多元的知识积累，需要丰富的感受力，需要悲天悯人的情怀。而这，需要大学阶段有开阔的视野、活跃的思维、开放的心态。虽然学习是终生过程，但大学阶段至为重要，也影响深远。另外，“专家”不意味着不好，而是说，如果因追求“专”而对很多美好的事物熟视无睹，那生活也会很乏味，“专”还有什么意义呢？或者说，这种“专”能走多远呢？

等到了研究生阶段，在渗入专业的深处，这样也能用大学时期积累下的广阔视角从各个角度去理解。

老师，我不知道这样子的想法对不对，希望您如果有时间可以指点一下我。

想法很好，加油！

谢谢您花时间看我的信。

魏××

（来信与回复时间：2017年12月6日）

王建民老师：您好！

很抱歉今天才给您写回信，一来是怕自己太过频繁的话给老师带来困扰，二来是我认真地思考老师所写的回信，有一种脑子被打开的感觉，觉得自己以前的想法都有些自我，没有站在他人的角度上去考虑问题。

您说的对，每一种社会角色都有他的无奈之处，或许当我成为一名高中老师的时候，我也会那么做。这就启示我，在自己没有真正的经历之前，不要轻易地去评价或者否认某一个人或事，当自己确实不懂时，尽量地去理解，让自己的心态保持平和。

对于考试也是如此，我这些天一直在想，我有什么资格评价应试制度，正是因为有高考我才能够改变自己的命运啊！不管是支持也好，不支持也罢，都要感谢考试制度。我要做的就是您说的，一直在努力着，虽然我的未来还有很多的可能，但是在学好现在专业的过程中我会收获许多专业之外的东西，在学习中一直磨炼自己的品质，把握自己的时间与效率，就算多么困难都不放弃，这些品质只有在学习过程中不断地摸索才能形成。作为学生，学会知识，提高能力，然后运用自己的知识去解决问题本来就是我的责任，因为自己的知识水平有限，所以目前只能通过考试的方式进行实践。

还有就是“专家”并不是不好，现代社会的确是需要专业化的人才。关键在于我自己，要对自己的专业十分的专，但是不能不管别的知识，只有思维足够开阔才能更好地“专”进去。也就是说，学习了解别的知识也是为自己的专提供一种助力，就是老师说的有包容的思想才能让自己的“专”跑得更远。“专”与开阔广泛的学习并不是对立的关系，反而是一种知识间相互关联的密切关系。

谢谢您，我从您的回信中学到了很多东西，也纠正了自己的想法。还有就是，这几天我一直在思考一些问题，如果您有时间的话，我还想再麻烦您看一看我自己的想法。

我从品质的修炼中联想到大学里的社团，我觉得社团就是一个培养和发挥兴趣的地方，但有很多的学长学姐建议我要当社团里的管理者。我自己很抵触，我觉得这只是一个爱好而已，没有必要强逼自己去参加到管理中。我站在他们的角度去想的话，应该是他们认为做一个管理者可以提高自己的管理能力吧。但我不太喜欢去命令别人去做一些事情，就算真的能够在社团的管理过程中学到管理的一些知识，我觉得也不会有太大的意义。

我其实从小就喜欢每天都记日记，但我习惯在清晨写，把前一天的事情做一个总结与反思。之前我一直在用日记本手写，但到了大学之后开始使用“印象笔记”，但我却觉得这样记日记没有了之前记的感觉了，虽然内容都一样，但却没有了很放松的感觉。王老师，这是心理问题吗？是因为刚刚开始使用电子版不适应吗，还是手写日记才能起到放松的作用，我自己也感觉很奇怪。

在想关于理解的事情时，我想到了医患关系，我认为之所以会出现医患关系的紧张，在于医生对病人的不理解，医生不理解病人心里的想法，造成了相互之间的不理解。所以我觉得自己如果将来要做一个好医生，需要把心理学学好，而且也需要老师所说与社会各层次的人相接触。所以我就有了一个想法，在寒假的时间里去酒吧和咖啡店当服务员，在那里我就会有更多的机会见识到更多的人。我觉得在与各种职业的人相交往之后，会有更宽容的思想，也更容易去理解别人。

还有一个就是，这几天我看到网上有一个帖子说学习英语如果抓对方法，记忆词团，保证输入与输出，三个月就可以学得很好。我很诧异，因为她所说的确实正确，已经有实例的证明。我所诧异的是我的想法，因为我一直认为要学好一个知识，就是要时间的堆积，只要有时间的堆积，那就可以学得很好。我在想，是不是之前人们一直强调的勤奋，本身就是一个不太正确的命题，因为学会一个东西不是在于时间，而是在于自己的感悟。就像中医一样，可能年纪大的医生会更厉害，但也不是说一些年轻医生就一定治不好，学习这件事与时间有关，但时间不是学好的保证，关键在于自身的感悟与理解，抓好方向就去做，不要耽误太多的时间，才是学好一门知识最好的方法。

王老师，以上是我这几天所思考的东西，还是很期望老师能有时间看一看，能指导我的思想。谢谢老师花费宝贵的时间看我的信。

魏××

2017年12月13日

魏××：你好！

谢谢你的问题和信任。

首先还是要肯定一下，你的书面表达能力很好，问题说得很清楚，也很中肯。

下面是我的几点看法，供你参考。

一、关于参加社团活动。我的看法是，从点滴的事做起，哪怕看起来微不足道，只要有助于自己认识新的人、新的事物，就是一种收获。是否能当社团管理者，一看个人的志向和目标，二看个人的表现和机会。不管怎样，尽力而为，结果尽量顺其自然。有些事，努力付出了，结果自然水到渠成；即使没有实现目标，只要尽力了，也不必自怨自艾。

二、关于写日记。如果可能，我觉得手写日记效果更好。看电子书或对着电脑打字，虽然内容可能是自己的，但形式却丧失了个性。面对笔记本，看着墨迹在笔尖行走，似乎更有“面对自己”的感觉。另外，手写日记，会留下具体的影子，日后翻看会发现，不同时间的字体、字形，可能都不一样，有时能从中回想起当时的心情。再者，写字的好处是，书写者能够掌控节奏，或快或慢，在于心情和想法，即使暂停一会，看到前面的字，也有连续感，而电脑打字，似乎各处都一样，缺失了“我”的节奏和痕迹。当然，电脑打字效率较高，一些作业或文书，可以电脑打字，而记日记这样的个性化书写，或许手写更好些。

三、关于医患关系。这个问题比较复杂，有大城市人口压力、医患资源不匹配和医院管理制度等多重原因。当然，医患之间相互理解很重要，但我认为，这种理解不是医患双方本身的事，还需要整个社会层面营造尊重、理解、信任的氛围。

你提到寒假去酒吧或咖啡厅做服务员，我很支持（前提是稳妥可靠，避免被不实信息欺骗），在和他人的互动中才能真切地感受“社会”，在此过程中能够向他人学习，通过他人反观自己，也会对社会有更多的实在感受，进而我们面对社会时，能够逐渐变得更有包容心。接触“社会”的好处是，将头脑里的想法放到生活中去检验和修正，这样能够纠正可能存在的“自以为是”的毛病。

四、关于学习英语。你说得很对，真正好的方法，一定是自己在实践中摸索出来或加以改进的，自己总结、感受最深的方法才最适合自己。

先谈这些，找机会再交流。祝你学期愉快，期末考试取得好成绩！

王建民

2017 年 12 日 17 日

王建民老师：您好！

我前两天听我的老师讲了一件事情，很有感触。她对我们说，中医针灸的未来在我们的身上，我们必须要维护好中国的针灸，不然很快就会有西医针灸这个学科出现，就像是屈原变成韩国人一样。

老师说，因为针灸的简单有效，在国外已经引起了针灸热，外国人已经见识到针灸的好处，所以他们在神经的层次上研究针灸，而且也已经取得了不小的成就。再加上中国的学者发表了很多的英语论文，为他们的研究提供了基础。北中医也有许多外国留学生，我时常在图书馆遇到他们阅读中医古籍，以前我一直以为他们的学习方法是自己领悟占多，而中国学生是求助老师较多。但听我老师说，他们是在复印古籍，然后再带回本国研究。

我认为，文化知识就应该要共享啊！尤其是医术，更应该要大家一起来研究，一起使用，造福于全人类。不管是中医还是西医，都应该要这样。而且中医之所以不被许多人支持，就是因为它是非科学，科学家无法证明它的错误，所以他们无法进行研究。但如果西方能够从神经角度将针灸的原理搞清楚，对中医的发展也有好处啊！

但是为什么西方想要申请西方针灸的专利，而我们不愿意让他们学到中医精髓。就像韩国把屈原列为韩国人，注册端午节的专利。我觉得端午节文化和屈原的确优秀，值得全世界来崇拜敬仰，但为何韩国会想要据为己有呢？本来就不是他们的东西啊！

针灸也是这样，是中国的东西，但我觉得也应该让世界共享，这样才能造福于全人类，但会有被西方占为己有的风险。

我觉得西方研究西方针灸也有好处，因为中医的很多原理还不清楚，如果从西医的角度去研究，也许有助于现代中医的发展。我跟同学交流，他们认为我不爱国，怎么能让外国人研究中医呢？但我不这么觉得，我不认为让别人研究中医就是叛国，我觉得知识就应该要共享才对。

王老师，我作为一个中国学生，不愿意让西方窃走我们的传统，但另一方面我又期望中医能走向世界，感觉自己好矛盾啊！

谢谢老师花时间看我的信，期待您的回信。

魏××

2017年12月21日

魏××：你好！

抱歉，这封信回复有些迟了。

你的思考很好，里面包含了很多值得讨论的问题。我想其中有几个点，可以理出来讨论。

首先，科学无国界，对于知识和真理的探求，不是哪一个国家、哪一个民族或哪些人的专利，但对知识产权的保护则是有边界的。因此，中国人结合现代医学将传统中医发扬光大，并具有独创性，才能真正在国际医学界赢得尊重。“独创性”不仅是成果本身，还需要一套制度的确认和保护。

其次，科学也是有竞争的。科学本身可能不诉诸价值判断，但科学产品的使用者和宣传者则是有立场的。就像一个历史人物，已经去世成百上千年了，但今人会出于不同目的或利益而对古人进行不同解读，甚至随意曲解。科学产品的使用也是这样，例如，一些科技发明被用于战争，造成残酷的后果。

再次，中医不像一般的分支科学领域，它背后有中国传统的宇宙观和人生智慧，如果我们自己的古老传统被其他国家发扬光大，变成自己的专利，而我们自己却无能为力，那我们就没有勇气和底气再说中医如何值得尊重。所以，你的老师说的是对的，中医的未来在你们身上，需要一代一代人不懈努力。

另外，弘扬中医，不是把《黄帝内经》《金匮要略》《本草纲目》等古籍搬出来就可以了（实际上很多人是在这么做，用来赚钱），而是必须走出国界，吸收现代医学的成果，否则中医只有死路一条——仅停留于民间养生治病，而无法成果世界公认的成果。

需要反思的是，国外学生和学者能够看到我们传统中有价值的东西，并深入研究、为我所用，而我们自己却视而不见。在这种情况下，人家取得超过我们的成果，我们又说别人“窃取”了自己的东西，这岂不是自欺欺人吗？

我想，我们对待中医的态度可能是：深挖传统，苦练内功，博采众长，赢得尊重。

希望对你的思考有所帮助。

祝期末愉快！

王建民

2018年1月3日

学生是面“照妖镜”

近日，有三个生活片段，促使我写下下面的文字。

第一件片段是，4 月 15 日，和学生在家附近的肯德基讨论毕业论文，讨论之余，发生一个小辩论，学生对社会学颇有微词，甚至说社会学不是科学。其实，在很大程度上，他批评的不是社会学本身，而是对一些社会学研究和花很多钱做一个“没有意义”的项目比较反感。

第二个片段是，另一个社会学本科生在人人网上发了一条状态：“学者们装装 B，发发论文，然而四年来，这儿人们的生存状况没有发生丝毫改变。那么做这些调查，究竟是在满足谁的需要？”有同学补充道：“今天有一个被访者也说了同样的话。另外，还是用纳税人的钱做这些。”

上面三个同学是社会学专业大四学生，同班。

第三个片段是，一个大二的社会学同学，同样在人人网上发了一条状态（罪过，我上网的时间是不是太多了？）：“是时候反思目前治学的态度了，现在越来越感到自己做研究时有些浮躁，对许多问题都是一知半解，缺乏深究；并且忽视了知识的积累，妄想建空中楼阁；引用、解释核心概念也极不规范，为求省事而简化对一些关键问题的论证，文章表面精致的同时内容却经不起推敲。”

我想，当一个学生说不喜欢社会学的时候，可能他不是说不喜欢涂尔干、马克斯·韦伯、彼得·布劳、格兰诺维特、费孝通，而是说他对自己所学的课程不喜欢，对自己老师的授课方式不喜欢，对老师所做的科研不喜欢。

学生的“不喜欢”往往是有真实的原因，有时，我们——还是用“我”吧——自己的课程、授课方式和所做的研究都说服不了自己，有什么理由要求学生喜欢呢？

为什么有时学生对老师的科研抱嗤之以鼻的态度？因为，有时学生所参与和理解的科研，其实就是作劳工，而且可能是无薪的劳工。

还有一种情况，学生信心满满地跑数据，搞出一篇看起来有图有表的所谓“规范”“精致”的论文，或关于农民工的，或关于养老问题的，可是，学生可能从没有和一个农民工接触过，也没有与除了自己爷爷奶奶姥姥姥爷之外的其他老人聊过天，这种“科研”和现实的隔膜可想而知。而这，常常就是本科生所理解的科研，或老师告诉学生的科研的“长相”。

不知从什么时候开始，大学生做科研成为热潮，各学校、各学院、各科室，纷纷动员学生申报所谓的创新课题，“有想法要报，没有想法，创造想法也要报”。这和每个高校把教师的科研立项、科研经费数量作为领导业绩的做法，有什么两样？

个人愚见，本科生最重要的不是做科研——尤其是体现为创新课题的科研，而是静下心来，多拿出一些时间阅读经典著作，让自己的思维逐渐打开，形成独立思考的能力；多拿出一些精力体验生活，思考生活，从不经意的小事开始思考社会。试想，如果一个大学四年没有认认真真读过一本经典著作，连写一篇千字文都要犯上十个语法错误的本科生，能成为学术高手？

话说回来，越来越觉得学生是面照妖镜，从学生的不满和批评中，可以看到为人师者的面目。其实，学生很清楚，对面讲台上的那个“人”，是人，是妖，一照便知。

（作于 2013 年 4 月 20 日）

“去蔽”与“遮蔽”：大学“德育”工作的反思

一

2010年12月3-4日，在河北涿州参加了一个关于“高校德育工作的创新和发展”的研讨会。虽为“研讨会”，更似“言套会”，因为“言”的太多，“讨”的太少。

这样的会还是第一次参加，虽身为本科生导师和本科班主任——这是到目前为止敝人获得的最高称号——总觉得这样的会议是与己无关的，这次领导给机会参加，实属荣幸。

正是有幸参加了一次这样的会议，才忽然觉得自己也是个“德育工作者”，甚至觉得是真正的德育工作者：课堂上课，课下读书，指导课题，谈心交流，哪个不和德育相关？而且，这样的德育是近距离的“示范式德育”，而不是“管理式德育”。愚以为，前者主要是潜移默化的，而后者多少带有社会控制的色彩——当然，这里的“控制”是中性词。

既然我也是个德育工作者，那理所当然应该把自己的一些想法记录下来。不仅因为想写，而且还觉得参加这种会议的机会可能很少，或者是不想再参加这样的会议——大家的口味不同，怪怪的还要乖乖的，不爽！

二

当大家谈德育问题的时候，似乎有两个混淆：

一是从政治教育的角度谈德育。虽然两个方面无法完全分开，但“思想政治教育”和“思想道德教育”还是有区别的。愚以为，政治教育解决的是他律的问题，而德育解决的是自律的问题。前者，灌输的色彩浓厚；后者，自省的价值更高。

二是混淆了德育和其他问题的界限。似乎上课、读书、考试、实习、交友、娱乐等都是德育问题。这就可能导致两个结果：

一方面，“德育”模糊甚至掩盖了其他问题（如选课、旷课、“挂科”等方面），而有些问题并非都是德育问题，也并非德育工作者一己之能力可及。或者，学生在“智”上的差异被当作“德”上的差距，导致“以德代智”问题的产生。或者，本来是学校的制度与管理存在问题，却被“赖”在学生身上。

另一方面，如果德育还带有浓厚的政治色彩，如果“德育”还对学生工作大包大揽，那德育的言说者便可能以“德育”之“名”行“权力”之“实”，而这与德育的育人主张是相背离的。

三

与会者谈到大学生的“功利化”问题，认为学生重实践轻读书，重荣誉轻素质。在一定程度上，这是个令人恼火的“假问题”。首先，大学生进入大学之初，是一张“白纸”（当然，“纸”在薄厚、色泽、手感上是有区别的），可以画最美的画，可以写最好的字，他们本身并无功利化与否的问题。其次，即便学生携带了中小学阶段所埋下的一些问题，但这正凸显了大学教育的意义所在：塑造一个人格和体格更加健全的人。

既然学生本身不存在功利化的问题，那是谁使大学生变得功利化了？套用马克思论述异化劳动时的说法就是：“如果功利化的活动对学生本身来说是一种痛苦，那么这种活动就必然给他人带来享受和生活乐趣。不是神也不是自然界，只有人自身才能成为使人功利化的力量。”科研分，科研费，就业率，升学率，教师与管理者的功利化使学生功利化，而以形式化考评为绩效评判标准的教育制度，则是教师与管理者功利化的重要根源。

这是个悖论，或者说是个笑话：我们让学生抵制诱惑、远离诱惑，而我们是最直接的引诱着。

当然，可能有人说，整个社会都浮躁功利，大学生怎能避免？如果大学生不功利化，怎能适应功利化的社会？这也是有人说的“要么被社会同化，要么被社会淘汰。”如果按照这个逻辑，所有人都消极适应，被同化又去同化别人，整个社会将越来越堕落，由此，教育也将变得无耻：承认堕落，纵容堕落，支持堕落，参与堕落。

对于教育而言，问题的关键在于，面对问题丛生的社会现实，我们是教育学生做一个荡涤污水的人，还是默认甚至鼓励他们主动投入黑色的染缸？很明显，学生应该做“近淤泥而不染”的那群人。淤泥时时有、处处有，但“爱莲者”总需有人去做。尽管在堕落的社会中，太干净的人会显得边缘化，但往往是这些边缘人的存在，能够为更多的人守护理想的圣地。

话说回来，如果我们的教育制度、教师、德育工作者深陷功利化的囹圄——可能还是明知不可而为之，那我们有何理由批评和指责学生的功利化？又有何资格指导学生所谓的“去功利化”？在功利化的社会中，宏大的理想目标“可爱而不可信”，“努力使自己少堕落一点”已属不易。

2010 年 11 月 27 日，在中国人民大学召开的高等学校文化素质教育开展 15 周年纪念大会上，便有学者指出，实用主义在相当程度上遮蔽了大学精神的光芒。极端功利主义使得校园不再宁静，而是陷于喧嚣和浮躁当中。大学深受适应论、生存论和工具论的论调影响：即过于强调大学适应经济社会发展的需求，忽视了大学超越性的一面；过于强调大学学习和学术的生存目标，忽视了大学教育完善人生、升华人性的功能。

四

专业的任课教师，与学生有最频繁的接触。虽然课后师生交往的频次和可能会受到各种因素的隔阻，但在一学期的授课过程中，老师对学生的影响相对持久的。因此，教师在读书做人上能否躬身示范，做出榜样，显得至关重要。

我们常说，言传不如身教，强制不如示范。在读书问题上就是如此。有人说，专业学习是最重要的，但认真读书的学生太少，要么假装没兴趣，要么借口没时间，要么承认没毅力，等等。那作为专业教师，是否应该反观自身：我是否在认真读书？我是否对知识和智力活动有着发自内心的热爱？我是否已身先士卒，做出表率？如果这些做不到，那当我们板着面孔批评学生不读书时，是不是该觉得汗颜呢？

最好的办法是，一个专业教师给学生列出自己读过的经典书目——不光有专业内的经典著作，还应涉猎更广，以保证学生有足够的选择空间，然后学生可以就其中的著作和教师对话。或者，每学期结束之后，老师可以把自己本学期读过的认为较好的书和学生分享，看是教师读的书多，还是学生读的书多——可能的结果是，老师未必比学生读的更多、更好。如果师生双方都定期“晒一晒”自己的阅读书目，无论对教师还是对学生而言都是一种鞭策和警醒。

知识不能强求，思想不可强制。当教师认真读书并认真引导学生读书了，纵然不是所有的学生都会热衷于此、倾力为之，那也无可厚非，只能说明个人旨趣不同，或书目选择有问题，或读书方式需要改进。因此，学生不读书不全在学生，更应该反思的是读什么和怎样读的问题。

五

除了读书，另一问题就是社会实践。社会实践，常常和学生的综合测评关联在一起，以至于这个制度诱导学生为测评加分而实践，测评分数达标之后，实践的动力也就随之弱化甚至消失。

大学生参与社会生活很有必要，这没有问题。但参与社会生活和所谓的做课题是两码事，参与社会生活只需要一张嘴、一双眼睛和两条腿就够了。但做课题则需要有基本的阅读基础和理论积淀，否则，头脑空空，或者深入不下去，或者草草了事，课题带来了有利于测评的“荣誉”，但未必带来真正的能力提升。

人们常说，读万卷书，不如行万里路。就学习与使用的关系而言，这句话没错，但对学生而言，如果不读书，不认真读书，或者不读好书，那很可能迷失方向，走错了路，或者绕了一个大弯子，又回到了原点。这样的路，行得越多，越没有价值。如果一个学生能够踏踏实实地读几本，能有个人的独立思考，即使社会实践少做几次，也没有什么不妥。问题的关键是，你是否在认真地读书和思考。

六

愚以为，德育和学生工作的重点可以用一个词概括，就是“去蔽”。

“去蔽”至少包括四层意思：

一是纠正学生既往观念和行为的偏差，即所谓的“纠偏”问题。

二是澄清未来的迷雾，培养学生健全独立的人格，以使其更理性地认识自己和社会的关系。用赖特·米尔斯的话说，这是一种“心智品质”和“洞察能力”。

三是以动态变化的观点看待学生，没有哪一个学生存在好或坏的“本质”，即便很多人都会有某些缺点或不足，但他们都具有可塑性，而“塑造人”也正是教育的目的和价值所在。

同时，“去蔽”不仅是“去”学生之“蔽”，即引导学生克服不足，提升自己，而且是“去”教师、学校和制度之“蔽”。也就是说，并不是所有的教育制度和方法都尽善尽美、合情合理的，如果制度和方法本身有问题，那表面的“去蔽”反而可能是种“遮蔽”。

教育“遮蔽”的悲哀在于，当我们用一定的方式去追求我们所承诺的理想时，却误入歧途甚至走向其反面。

那么，如可克服“去蔽”过程中可能产生的“遮蔽”问题，愚以为至少有两点值得讨论：一是德育不只是学工部门的问题，也是专业教师的问题；不仅教师应重视自身作为一个德育工作者的责任，而且教师的意见也必须得到重视和尊重。二是充分尊重学生的意见和权利，学生是德育工作的对象，但更应该是德育工作的主体，他们能够切身感受到自己在教育制度中的利弊得失，能够更好地指出教育制度的问题所在。

在重视和尊重学生权利的问题上，我们甚至需要在一定时间、地点和范围内，将学生的意见汇总讨论，给学生提出的问题一个有说服力的回答，而不是仅仅停留在“这个问题我们正在讨论解决”这样的无关痛痒的辩词上，或止于“一切为了学生，为了一切学生，为了学生一切”这样文字游戏式的口号上。

（作于2010年12月10日）

附：学生采访两则

愿做你的一本书

——访“十佳班主任”王建民老师

文/《中央财经大学校报》记者李硕

班主任，一个从小学到中学伴随了我们十余年的教师群体。在我们的求知路上，他们言传身教、答疑解惑，为我们指引方向，把我们从跌倒中扶起……然而，在大学阶段，班主任又是一个什么样的角色呢？记者在走访了08级社会学班主任王建民老师之后，对大学班主任有了一个更为形象的认识。

有书伴你求知途

王老师从2008年担任08级社会学的班主任以来，教授了所带班级的四门专业课程，与学生建立了良好的关系。王老师经常利用课上和课下的机会，向同学们推荐一些适合阅读的书目：在入学之初，读一些专业入门书，以及其他领域的基础性读物；在此基础上，阅读一些社会学经典理论著作。凡是重点推荐的书目，都是王老师细心品读过的，这样，可以和学生进行有针对性的交流和对话。

除了鼓励学生认真对书、阅读好书之外，王老师还会利用班会等形式来鼓励同学们重视学习，并希望大家不断反思自己。例如，把学生在大一上学期所写的学习计划返还给学生，让学生比照当初的计划和现在状况，以总结收获与不足，进而更好地改进学习方向。

有书解你生活苦

大学期间难免会遇到些许不如意的事，作为班主任，王老师十分关心同学们的生活状况，但考虑到并不是每一个同学都愿意和老师倾吐心声，所以王老师依然借助“书”这个渠道，向同学们传达老师对学生的关爱。他曾经送给每名同学一本叫作《建构生活》的书，这是王老师上大学期间从中获益较多的一本书，内容是介绍一个人如何通过行动来调节情绪，进而建构生活。他希望能够通过这样的方式，让同学们学会在困境中调整自己，以平和的心态面对生活中的困惑和挑战。每本书的扉页都附有王老师亲笔书写的“八字箴言”，如“认真读书，平实为人”“有志者成，笃行者远”“笃志好学，策顽磨钝”等。针对不同学生的特点，王老师用这种贴心的方式，鼓励同学们坚持踏实严谨的学习为人之道。

对于学生在创新课题等科研方面遇到的难题，王老师也总是非常乐意指导，无论是否作为课题的指导老师，他都会通过面谈、电话、电子邮件等方式积极和同学们沟通、讨论。在刚入学阶段，他所带班级的部分同学对于所学专业没有信心，王老师鼓励他们“既来之，则安之”，不必思虑太多，应从细节做起，慢慢了解所学专业，逐渐挖掘兴趣所在。所谓“但行好事，莫问前程”，认真对待和做好日常学习和生活中的细节，便是日后成功的基础。

有书助你人生路

王老师还利用课余时间，和班里的一些同学单独谈话，内容涉及学习、生活、读书、未来发展等诸多方面。他结合自身的成长经历，或成功或失败，把其中有价值的感想和同学们分享，给同学们的成长做一个参考。为了使同学们对自己的未来有一个更好的规划，他还邀请了本专业已经毕业的校友和同学们做有关读书、考研等方面的经验交流，让同学们借鉴他们的成功经验。

王老师还鼓励同学们，在学好专业知识的基础上多参加一些社会实践、创新课题等活动，将自己在课堂所学与实际情境相结合，使知识得到更好的应用。王老师在与学生的接触中，经常反复强调要以诚实守信、律己宽人、勤勉进取的标准要求自己，在不断提升自身综合素质的前提下，把握好人生发展的宏观方向，踏踏实实走好每一步。

王老师在谈到大学班主任和中小学班主任角色的差异时指出：在应试教育中，中小学班主任是一个全方位的管理岗位，管控的色彩较浓；而大学中的班主任则是一个起到示范性作用的角色。他表示，作为大学班主任，他愿意给学生更多的空间去自由思考，而不是过多地去干预和管制。读书，也正是王老师最推崇的一种教育方式，教师躬身示范，做出认真读书的表率，以促进学生通过文字去学习为人处世的道理。

在和王老师的交谈中，记者发现王老师多次提到“读书”这个词，虽然在大学中，班主任没有事无巨细地去指导学生的学习和生活，但是王老师作为一名大学班主任，却用自己的一言一行撰写着一本书，这本书在无声地传递着一种教导：传授学习之道，解答生活的难题，引导学生探索人生的方向。因此，每一名用心“读”过他的学生都将受益匪浅。

（采访于2010年冬）

十年春风，润物无声

——记我校优秀教师、社会与心理学院王建民副教授

文/《中财校友》记者姚楚云

“大学之道，在明明德，在亲民，在止于至善。”（《礼记·大学》）

轻轻叩门，门开了，开门的先生亲切和蔼地笑着，一时间，炎热的夏日里也吹起了春风。这是初见王建民老师时的情景。老师是那么平易近人，全然没有我印象中大学教授的严肃冷峻，我访前的紧张情绪瞬间消散了。在较为轻松的气氛中，王老师不紧不慢地打开了话匣子。

今年是王老师任教的第十个年头。十年前，王老师在吉林大学社会学系获得博士学位，加盟中央财经大学社会学系。王老师和他的第一届学生一样，也是中财新的一员，他们一起适应环境，有很多共同的生活经历。当我问他教学生涯中印象深刻的小故事时，王老师更是如数家珍：“我一直记得，我给2008级社会学班上《西方社会学理论》的时候，学生给了我一个本子，

里面写满了每个人给我的留言，我一直保留到现在。前不久我请那个班的一个同学，现在在阿里巴巴文化娱乐集团工作，回来和学弟学妹交流，我还把她写的那一部分找出来，分享我们共同的时光，她看了也很感动。”王老师是2008级社会学的班主任，在带这个班时被评为校“十佳班主任”。

平时，偶尔也有同学写来一封长邮件，感激王老师在细节方面的认真，喜欢他对学生诚恳的态度和对工作的负责。他觉得，老师的态度和风格，对于学生来说是潜移默化、润物细无声的，这些可能是学生上完老师的课甚至是毕业之后才能意识到的。他没有刻意怎样做，只是按照自己的标准做自己认为对的事。谈起获得2017年度优秀教师称号时，王老师认为这是对他工作最大的肯定和鼓励，不过，王老师谦虚地说：“大学里多元开放，每个老师都可能对学生有一些影响和改变，我也只是其中的一个。所有的力汇成一种合力，是这个合力在推动学生成长。”

王老师从本科学习社会学至今已有十九年，谈起社会学，王老师有自己独到的见解，说起来更是滔滔不绝。王老师说，社会学的一个重要特点是关注社会事实，不停留在观念层面，而是在观念与经验的互动磨合中增进对现实的理解。王老师理解的“现实”，强调躬身参与和感受，而不是间接地想象。王老师举了一个研究农民工的例子：我们不能光做数理分析，一定还要进入农民工的生活圈子，观察他们的日常作息和喜怒哀乐，通过他们的真实生活，修正我们头脑里抽象的甚至错误的观念。

由此，怀揣社会学的精神，王老师在从教十年的学习、工作和人生道路上愈发平静和包容。他语重心长地总结道，现在的人，尤其是大学生，要尽量接触不同的人、接纳不同的人。每个人都有自己独特的成长路径，所谓的是非对错，有时不能简单地归于个人，而是来自个人背后的环境和成长过程，因此，要避免以一己之见去要求人，相反，试图去理解别人，换位思考，将心比心。

在谈到社会学与哲学的不同时，王老师说，哲学思考重概念和逻辑，而社会学以社会事实为基础，尤其是要真实地参与其中，观察访问。大学生有时希望通过哲学作品思考人生的意义，其实也应该通过社会学来思考。王老师建议，大学生在进行专业课学习之前先学习社会学，因为学习社会学会给人一种思考的宽度和容量，有利于开阔视野和胸襟。所谓大学，不论东方的还是西方的，都重在培养人如何认识自己、认识这个社会，清楚人的一生是怎样的，其中的过程就是自己和社会的互动，有摩擦、有磨合，人才会成长。

关于同学们的大学生活，王老师说："我们要先修养我们的品行，努力让自己变得平和包容，如果可能还对身边的人产生一些正面的影响。"不禁想，若是人人都能悟出这句话背后深刻的道理，想必大学生活会更加丰富而有意义。其实人生何不如此呢？王老师从教十年，并不刻意追求能对学生有怎样的影响，但是桃李不言下自成蹊，把自己的本职工作做好，自然而然就有了该有的样子。

结束了与王老师的访谈，我如沐春风，像上了一节人生哲理课。王老师说的字字句句，都像春风，十年来，不知吹进了多少学子的耳朵里、多少学子的心里。带着对学生的爱和尊重，带着对人生的平静和包容，这阵春风，将在一代又一代青年人的金色年华中，悄悄地浸润。

（采访时间：2018 年 5 月 31 日。原载《中财校友》2018 年第 4 期/总第 70 期）

丁篇(附篇) 04

诗与文

在职业专门化的背景下，我们不可避免要问所从事的专业或工作的意义，但实际上，职业或工作仅仅是生命的一部分，甚至其中的一些灵感或思考，往往来自“业余”生活。另外，文如其人，多种文体和风格的写作，能较为全面地表达人的生命感受，这也算是职业专门化之外的一种生活方式。这部分所收录的诗文，按照严格的格律看很多是不合格的，权作是一种表达自我的痕迹吧。

“跨年”之思

新年，把时间分成两截：过去和未来；也把人分成两截：过去的自己和未来的自己。过去的自己已持续很久，是“已知”；未来的自己尚待形成，是“未知”。人夹在“过去”和“未来”“已知”和“未知”之间，缺少的是“现在”或“现在感”。

“现在”很短，它就像一扇门，分隔白天与黑夜、温暖与冰冷、友爱与仇恨，处在其中一边，并不那么惬意或难耐，而在进出之间，则是选择的焦虑，甚至未知的恐惧。

在告别“旧”、迎接“新”的“跨年”之时，正是人自我总结、自我省视、自我展望之时：“我”做过什么？做成了什么？能做什么？喜欢做什么？做此种思考时，也是人困惑和焦虑之时：人因追问“意义”而困惑，因追寻“意义”而焦虑。

在习俗浓厚的传统社会里，人们通过对各种辞旧迎新的仪式的参与和体验，获得了存在感，“现在”便成为一种有意义的存在；“现在”也在沟通祖先和后嗣、联结自我与他人中被拉长、拓宽了。当“现在”被各种意义所填充，它就不是一个时间概念，而是社会概念了。

现代社会，辞旧迎新是一种时间分割，日历和钟表告诉我们新旧之别就在刹那一刻。缺少仪式的辞旧迎新，也变得缺少意义感和存在感。于是，有人选择集体狂欢，甚至狂饮，在潜意识里追寻远去的仪式——只是这种狂欢可能更多的是购物、暴食或快餐式旅游；有人选择个体独处，在互联网世界中与纷繁芜杂的文字、图片、声音、视频对话——只是这种对话更多的是注意力的外转，不是营造了“现在”，而是忘掉或逃避了“现在”。

身处传统之中的人们，共同拥有一个遥远的过去，现在只是过去的延伸，未来又是现在的延伸，人在过去、现在和未来之间，并没有自我分裂的焦虑感。这种焦虑感，是现代的产物。

故乡，使人忘掉暂时的现在，人在过去的场景和记忆中找到自己。然而，世易时移，当故乡已不再是原来的样子，过去就模糊了，原来的“我”也难觅踪影，人又不得不面对现在和现在的“我”。故乡似是而非，“我”亦如此。因此，故乡，既是人向往之地，也是意欲逃离之所。

所谓“乡愁”，就是人向往过去但又回不到过去。越是年长的人，越容易滋生乡愁。年轻人还有未来，而老年人只有过去。未来是漫漫远方，而过去只有故乡。

作为中国人，变迁时代的中国人，也许只有家包含最浓厚的意义。越是在重要的时间和节日，家的形象就越鲜明。家，作为生命之所系，情感之所依，给缺少意义感的个体留下一个相对恒定的空间。即便一些久居城市的人，也会选择在岁末年初跨越千里回到遥远的故乡。

家，意味着充盈，也代表着失去。充盈的，是故乡的温情，“回家”是重拾温情；失去的，也是故乡的温情，“回家”是对异乡的逃离。

只是，社会的变迁，代际的变化，距离的隔阻，很多家越来越变成“想象的共同体”。家，可能填补了意义缺失的空间，但难以制造充足的意义来源。

在传统社会，跨年是“本地人”自我确认的方式，“确认”的是人我之间的共同传统和“我”的完整性。在现代社会，跨年是“异乡人”自我调整的方式，“调整”的是人我之间的距离和多个“我”的交叉重叠。

跨年时，我们都在说——“新年快乐”，希望“新年”比“旧年”有更多“快乐”。然而，新与旧、迎与拒、快乐与不快，总是如影随形。“新年”是迎新，有憧憬，也有彷徨，有勇气，也有恐惧；“快乐”是祝福，是向往，也是隐忧，是前行，也是对过去与当下的逃离。

跨年的背后，隐藏的是众多矛盾情感的交织：欢喜与失落，充实与落寞，投入与疏离，向往与逃避，接纳与拒绝，坚持与放弃……

跨年，折射了现代人的精神境况。

（作于2016年1月1－2日）

岁首，感悟时间

一

元旦，是新年的开始，也可以说是旧岁的延长。因此，1 月 1 日，是 2011 年的第一天，也是 2010 年的第 366 天，1 月 2 日，是 2010 年的第 367 天……

那样的话，时间无限拉长，人很难记起过去，或者，不同人的记忆变成没有重合的散点，每个人都将变得孤独。

在形式上，时间是个有刻度的圆圈，每个人都有自己的“圈”和“段”；如果时间是无限的直线，人与人也就难以找到生命的交集。

二

时间本就是人的发明，即便物理时间客观而不可逆，但每个人的时间或个体的时间感却带有明显的特殊性。在这个意义上，个体的时间，往往只是事件，是事件与人的经历成就了时间。

哲人说，人无法两次踏入同一条河流。孩子说，我两次踏入同一条河里洗澡。倒霉的人说，我两次踏入同一个马葫芦。

不是每个人都会成为哲学家，但很多人都是或曾经是孩子，倒霉蛋。

如果时间是事件，那 1 月 1 日和 12 月 31 日，也许没有什么不同。辞旧迎新，新年新气象，是人们给生活的继续、梦想的延续寻找的一个理由。因此，时间才具有生命的意义。也因此，无论怀旧还是展望，都是生命意义的体现。

三

人们常说，生命应像一条奔涌向前的河流，似乎只有向前，生命才会有意义。但任何时间都是由过去构成的，怀旧恰恰是人之常情。未来尚未发生，过去已然呈现，当前，就是河里濯足的时刻。

站在小溪里洗脚、摔泥巴，永远成为我记忆中的过去。那清澈的溪水，那清凉的感觉，那不怕脏地玩耍，让我知道童年曾经来过。

如今，老家门前那条曾有泥鳅经过的小溪已经干涸，溪水曾经流过的地方，只剩下雨水冲刷出的深沟，里面布满了杂草。

直到小溪干涸的那一天，我才真正地知道，我的童年只能来过一次。

如果生命是河流，那断流的河，枯竭的水，是怎样的生命呢？河水的沧桑，不也是人生的沧桑吗？如果说时间是河流，流走的是水，那留下的是什么呢？

也许，留下的，只能是关于生命的态度。

四

时间是种指令，告诉人们春耕夏耘，秋收冬藏，朝晖夕阴，生老病死。时间也是种戒律，告诉人们从善如登，从恶如崩，善小可做，恶小不为。

在崇高显得如此遥远的今天，时间告诉我什么？

时间只告诉我，我是一个人。但怎样做人，时间没有告诉我，也不会告诉我，只能由我自己去告诉时间。

如果社会已然堕落，生在社会中的人必然沾染堕落，这是非宗教性的原罪。既已沾染堕落，努力让自己少堕落一点，就是给时间最底线的交代。

“少堕落”是一种诚实，是意识到自身“问题”时努力把持自己，不让“问题”恶化下去。不是吗？当人不做坏事的时候，可能就是在做好事；当他少堕落的时候，也许就是在振奋精神。

为一个远大的理想去奋斗，固然精神可嘉；为了改掉一个缺点而坚持不懈，同样令人钦敬。

五

树立一个目标，假如是带着缺点甚至以堕落的方式去实现目标，那目标的实现，对一个人来说是成功，对另一个来说，也许是地狱。那样，成功的人越多，地狱就越多越深。

现实并不总是给人一片坦途，供人向理想迈进，反而可能布满引人堕落的陷阱。如果误以为陷阱是坦途，只能南辕北辙，甚或人仰马翻。

有时，堕落并不可怕，可怕的是知其不可而为之——甚至以高尚的道德为名义。那样，道德只是欺骗，崇高也只是谎言。

很多的现实境况，不就是如此吗?

努力让自己少堕落一点，是行为的底线，不是终极目标。

理想和目标不可抛弃，而是必须坚持，但选择什么样的开始和如何计划行程，会决定行者的方向。

有时，宏大的目标像传销一样振奋人心，但问题是，当底线已经失守，追求目标还有何意义?

岁首，感悟时间。

让自己少堕落一点，是此刻我对时间的承诺。

（作于2011年1月1日）

在水穷处坐看云起[①]

无数次滑动指尖，无数次点赞留言；无数次扫描二维码，无数次听到单车关锁的滴音；无数次开关电脑，无数次点击鼠标；无数次晚睡早起，无数次歪在沙发上等待朋友圈的更新……

时间，就这样悄悄地溜走了。时间，就像孩子，总在不知不觉中长大。

过去的一年，互联网依然在强劲地改变着我们的生活，朋友圈、公众号、大数据、App，信息在瞬间传递，钞票在云端汇集。科技唤起了人的好奇心，也挑拨着无数人的财富梦。在只有金钱才能制造激情的时代，“社会”有可能危机重重。

因为无聊厌倦，激情才显得可贵；在信仰缺失的时代，荷尔蒙会冒充信仰。就像一部电影，越是让人激情燃烧，可能越暴露了精神的虚无。也许，如何让柴米油盐的日常生活有滋有味，才更值得深思。

在技术革新的时代，大数据也只是数据，不是生活本身；再精妙的“算法”，也无法取代“人心”；“阿尔法狗”再聪明，也满足不了“机器猫”带给我们的单纯。在大数据时代，真正可贵的不是复杂，而是简单。

人工智能引发了对“机器社会”的想象，朝核问题增加了长白山度假村老板的担忧。科技的背后是人，人的背后是社会，社会的背后是文明。即便“机器社会”来临，重要的也不是机器，而是人的处境。当人越来越依赖机器的时候，也是人越来越需要反思的时候。

往往美好的时刻，才是最需要反思的时刻。就像在雾霾稍减的时日，世界还原了多样的色彩，但依然有暗淡的烟云；三原色能画出美丽的彩虹，也能涂抹成幽闭孩子的黑屋；烈火象征雄心，也能在瞬间吞噬生命；同样，寒冬磨炼人的意志，也会使露宿街头者心冷如冰。

不忘初心，回归简单。《乡愁》勾起了乡愁，让无数人重拾少年时代的

---

① 本篇及下篇是为“群学中财”微信公众号撰写的新年献词。

记忆，“躲过一阵潇潇的冷雨，也躲不过整个雨季”再次响在耳畔。在变动不居的时代，“过去”才是真实的，而评说当下或想象未来，总会令人泛起“现代性的焦虑”。

所谓乡愁，就是构成我们生命的最厚重的意义世界。无论辱母杀人案改判，还是留学生惨死东洋，聚集我们目光的，可能不是司法审判，而是伦理关怀；不是对异乡的猎奇，而是对故乡的依恋。正是在这样的极端事件中，我们更能共情地感受“家”的意义，这也是中国社会的深厚根基。

家，是父母的背影；家，是黄河长江。

在忙碌之余想一想，多久没和家人围坐在一起聊天了？在父母帮忙操持家务的日子里，是否还知道白菜的价格？有没有突然想手写一篇日记，听听笔尖擦过纸面的声音？对无数普通人而言，新时代对美好生活的向往，就是在温馨的家里品味柴米油盐，与三五好友聊聊家长里短，在日复一日的工作中体会命运与生活的悲欣。

四季无法逆转，思想却能穿越时空。一百年前和现在，似乎咫尺瞬间。2017 年，逝世百年的涂尔干仍然激励着学人“追寻神圣社会”。2017 年，还有无数学子重温韦伯百年前“科学作为天职”的演讲。2017 年，潘光旦先生辞世也已整整半个世纪了，思索他那静静地躺在书架中的“中和位育”和“人文史观”，有一种向往，也有一丝不安。

纪念那些伟大的先贤，就是在面对我们自己，就是在建构我们自己本身。正是那些伟大的前辈，会在灵魂深处提醒我们：是否越来越关注天外奇谈，而对普通人的喜怒哀乐漠不关心？或者，常为发表一篇论文而忧虑，为增加一个头衔而欢喜，却对修改更新教案失去了耐心？

新年的脚步已来到门口，作为时间的儿女，我们该如何迎接新的生活？

再远大的目标，再深奥的哲理，再耀眼的光环，也比不上春草染翠、秋叶疏枝带来的内心悸动，就像少年第一次牵住恋人的手，就像母亲凝视孩子熟睡的脸庞。

无论我们眼中的世界充满美好，还是破敝不堪，阳光始终在云卷云舒中洒落，高原上的雪山依然圣洁，清溪还在山谷里浅唱，孩子们在嬉戏中长大……

在水穷处坐看云起，于喧嚣中守护孤独。

你好，2018！

（作于 2017 年 12 月 30 日）

且听生命的溪流

2018 年正在挥手向我们告别，就像之前无数次的岁月交替一样，匆匆又平常。

这一年，农民像往常一样春耕秋收，在那里，时间就是农活里的日子，是阴雨来临时蚂蚁搬家的场景，或是冰雪覆盖时孩子用指尖点化窗花。

这一年，快递员日复一日地穿行在大街小巷，在倒计时中和交通灯赛跑，也在顾客的评分中喜悦或忧伤。

这一年，乘客在享受高速列车的同时，仍然抱怨时间过得太慢，于是一路捧着充电宝紧盯手机屏幕，追长剧或者刷短视频。

我们在花开花落、朝晖夕阴中看到时间，在学校的上下课铃声和孩子们的笑声中听到时间，也在父母眼角的皱纹里慢慢读懂时间。

在时间里，无论美好的还是丑陋的，似乎一切都将消逝，踪影皆无。那么，这个世界给了我们什么？我们又能留下什么呢？

2018 年，是个重要的时间节点。四十年前，改革开放的伟大历程庄严开启；三十年前，邓小平同志提出“科学技术是第一生产力”的著名论断；二十年前，抗洪抢险留下无数英雄的身影；十年前，奥林匹克的圣火在国家体育场点燃。

年龄与改革开放历程相仿的人，都会深刻地感受到时代与生活的巨变，从交通到住房、从食品到服装、从玩具到书本、从爱情婚姻到学业职场，一切都已今非昔比。不得不说，这是一个伟大的时代，生逢其时的我们，有幸见证了山乡巨变和城市崛起，尽管也经历了一些苦楚和艰辛。

变化，仍然是我们时代的主旋律。我们在国际争端和贸易摩擦中更真实地感受到“世界风云变幻”，在企业和企业家命运的沉浮中看到时代与个人际遇的关联，也在“黄庄现象”“公交车坠江悲剧”中咀嚼人生的命定和偶然。我们痛恨“毒疫苗”厂商的利欲熏心，困惑十二岁少年残忍弑母后竟那么坦然，也因此哀叹那些常年往返于城乡之间的农村父母的辛酸。

在网络信息包裹日常生活的时代，国际事件或国内新闻，有的振奋人心，有的令人烦心，有的使人伤心，它们在时刻塑造者我们对自我与社会的理解，让我们在不知不觉中接受了“媒介即信息”“信息即经验”。网络信息，有时像三伏天的树叶呆板沉闷，有时又宛若惊澜、变化万端。

这是一个厌恶变化的时代，也是渴望变化的时代。厌恶的，是不确定性，因为不确定性会带来焦虑不安；渴望的，是生活的新色彩，因为人们早已厌倦了程序化的日子，稍有闲暇就想换个地方吃喝拉撒。

可是，有了闲暇，我们又害怕闲暇，害怕周末无所事事，害怕手机不在身边时错过美好的讯息。于是，我们逃避闲暇，宁愿微信和短视频填充到生活的每一个瞬间。逃避闲暇，是因为生活太无趣，还是技术依赖让我们忘了如何与自己交谈？

生命源于自然，只有人之自然和简单，才能让我们回归宁静。我们也需要细微地体察世事人情，深入其中又超拔其上，以笑纳命运之神赐予的悲欢。我们还需要不断地返回历史，在文明的传统和血脉中理解生命的根基和未来。

回归自然、深入社会、扎根历史，我们将获得绵延不息的力量。

也许，在时间的长河里，没有一片浪花属于我们，但每一颗水滴里，都有我们的身影。也许，我们注定无法成为奔涌的大河，但每个人都有一条属于自己的生命的溪流。

这条溪流，是人性的美好，是我们看到同类受苦时的灼心之痛；是社会的底蕴，是我们以普通人的知识和伦理修正自己的利刃偏锋；也是历史的深沉，让我们怀着谦卑之心投入到对人类命运的关切之中。

这条溪流，源头在自然、社会与历史的交汇处，也从我们的心底汩汩而出。

新的一年，让我们感受生命的溪流，寻找她，聆听她，守护她。

此刻，在新年的欢笑声中，听那溪水潺潺，在为我们歌唱。

你好，2019！

（作于2019年1月1日）

春晚的记忆与遐思

“春晚”（春节联欢晚会）从1983年开办第一届，迄今已有28年历史。即便不能说春晚是个奇迹，但起码可以说是条轨迹。在某种意义上，春晚已成为中国社会与文化变迁的一个缩影。就我个人而言，我观看的春晚不是全国人民的春晚，而是属于我个人。无论人们对它是爱是恨、或誉或毁，它都承载了我对生活的记忆和思考。

一

改革开放之初，在经历了长期的思想封闭之后，电视为人们打开了一个新奇的世界，这是春晚赢得观众支持的社会背景。在20世纪80年代初，中国社会，尤其是广大农村，电视还没有普及。当时的娱乐主要以亲朋好友之间的聚会、游戏为主，官方艺术团体的表演即便有一些，但难以普及，而民间艺术团体的数量和活动频次又是少之又少。当时，在“道听途说”之外，收音机是获取信息和娱乐的主要传播媒介。

小时候，村里大概是1986年才有了第一台电视机，我已记不清是熊猫牌还是北京牌的了。因此，对我来说，第一个春晚是发生在1986年，而不是1983年的，这好比我交了一个20岁的女朋友，即便她已存在了20年，但她20岁那年，才是我爱情记忆的开始。

第一次去有电视的董家看春晚，我们是全家出动，受到对方的礼遇，母亲、姐姐和我，被请到炕上看电视。虽然那是台只有14英寸的黑白电视机，但当时觉得里面充满了五颜六色的图画——当然，我的视力是没问题的。画面的内容已无法记起，但看电视时的热闹情景犹在眼前。

不久，我家有了自己的电视机，是凯歌牌的。对一个孩子来说，坐在自己家里看电视的感觉，真是妙不可言。有几年的年三十儿晚上是总要断电的，正当全家人兴致浓浓地看春晚时，突然一片漆黑，少则一两次，多则三四次。断电时，我要迅速地跑到院子里，看看邻居家和周围的村庄是否有灯光，当看到周围一片漆黑时，才确信是断电了，然后焦急地等待恢复供电，当然，心里和嘴里难免要骂上几句难听的话——主要是针对电管所的。因此，我的春晚不只是歌舞、相声、小品、赵本山，还有“断电”。现在想来，当时被干扰的心情已成为美好的回忆了。

二

现在，老家早已普及彩电了，无论平时还是过年，也很少断电。近两个春节，我都是在北京度过，北京的家不会突然断电。城市的灯光很亮，即便我能拥有一盏像儿时提过的灯笼，但在耀眼的灯光下，也许我也会把它藏在角落里。对我来说，提着自己制作的灯笼，只有在漆黑的夜里行走，才会有真正的提灯笼的感觉。

记忆中印象比较深刻的一个灯笼是父亲给我做的。父亲把四块长方形玻璃用白胶布粘成方形作为灯罩，套在瓶底儿大小的木头底座上，底座中间有一个尖儿朝上的铁钉，用来固定蜡烛，底座一条对角线的两端用铁丝穿透木板，从灯罩的内壁引出，成为灯笼的提手。因为有这个灯笼，我在伙伴面前美滋滋了很久。

此外，我还和小伙伴们自己制作简易灯笼，底座与前述相同，灯罩取材于老式的罐头瓶。做法是，用蘸过汽油的细绳系在靠近瓶底儿的位置，准备好一盆冷水，然后点燃细绳，待一圈细绳燃烧几秒后，迅速将瓶子置入冷水中，这时，瓶体系绳的地方会因突然遇冷而炸裂，瓶底脱落，一个灯罩就做成了。当然，并不保证百分之百都会成功，有时瓶底儿会裂得不均匀，或者瓶体出现裂纹，或者没有炸裂，这时就会很沮丧，需要重来了。这种简易的灯笼，是比春晚更让我怀念的。

三

随着年龄的增长，对春晚的感觉变淡了。当然，不是我有意为之，而是环境使然。传媒与通信工具的多样化，市场经济的发展，使人可以有更多的机会选择如何度过春节，同时，人长大了，自主选择的能力也有所增加，看不看春晚，怎样看春晚，在于个人的偏好和自由选择。虽然像我这样“低俗”的人欣赏不了太高雅的艺术，但春晚毕竟在我的内心深处留下过它的一串足迹，加上父母对春晚还是比较重视的，所以我还是断断续续地观看了今年春晚大约二分之一的节目。

四

从演职人员阵容和涉及的范围上看，春晚近乎举全国之力，尽一舞台之事，我觉得它是带有“中国特色”甚至“社会主义特色”的文艺活动形式。

一方面，春晚体现了社会主义“集中力量办大事”的“优良传统”，它能够网罗全国各地的优秀人才，涌向北京和央视的演播大厅。我想，如果我的小学老师给我上一个关于春晚的课，他可能会说：春晚是属于无产阶级而不是资产阶级的文艺活动，腐朽堕落的资本主义国家是不会也没有能力办春晚的。

另一方面，春晚总是以全国各族人民为受众的，但事实上，春晚不是一轮明月，可以照九州，它只是在有限的时间、地点，以有限的人物和事物为载体的娱乐活动，既无法了解也无法满足亿万人民的娱乐口味。一台晚会是有限的，民众的情趣却是无限的。这使得“骂春晚”成为一种必然的现象。有人说喜欢赵本山，说他是喜剧天才，也有的说他的东西太低俗，这其实也反映了一台晚会是无法了解和满足所有观众口味的事实。

我有一种感觉，春晚和新闻联播有很大的相似之处，到底像在哪里，也说不太清，可能都有比较正式和官方的色彩吧。二者的区别倒很明显：前者一年一次，后者每天露面；前者允许嬉笑玩耍——当然是有限度的，他们那些高雅的人，是不大喜欢下里巴人的，后者则是严肃、严肃、再严肃。

如果说新闻联播是政治舆论的喉舌，有严肃和延续的必要的话，那春晚则大可不必。春晚，不要忘了它的大名——“春节联欢晚会”，就是要让人快乐的，看着养眼，发笑，放松，是最好的效果。相反，如果还是板起面孔教育人，动不动拉出来个模范、典型、榜样什么的，就把娱乐变成思想政治教育了，说明我们的娱乐还没有完全从政治中解放出来。

五

有时，春晚不仅像个思想政治学校，也像个名利场，让一些人一夜走红，或者说变成“暴发户”。同时，如果与“央视”不和或意见相左，那也意味着要告别春晚的舞台了。毕竟春晚只有一家，而且每年才有一次，同时想上春晚的人又不计其数，把他得罪了，“出名”的日子恐怕就要推迟，或者“可持续出名”也要难以维系了。

如果“出名”非要上春晚不可，说明我们社会的开放程度、自由流动空间和自由竞争的机会还有限。好在互联网的兴起，为人们的娱乐生活打开了更广阔的空间，“春晚依赖症”可以休矣。

近些年，春晚结束后骂声不断，并不是说和以前相比春晚真的在走下坡路，而是以前即使人们对春晚不满意，也没有地方骂，或骂了以后没人知道。现在，网络为人们“骂春晚”和“传播骂声”提供了便利的渠道。同时，人们骂春晚，也说明民众的娱乐方式和口味越来越多元化了，这是件好事，因为“骂春晚”也是言论自由的体现。反之，如果人人叫好，没有异议和批评，或者想骂而不敢骂，那才是有问题。

六

话说回来，即便春晚不尽如人意，但它却承载者几代人的集体记忆。这种集体记忆中包含着一家人团圆的场面，包含着亲情凝聚的时刻，也可能包含着对外面世界的向往。我们可以否定春晚的水平，但不能否定人们的春晚情节，更不能以“好”和“坏”的二元标准去评价观看春晚的人。对很多人来说，观看春晚不是为了欣赏所谓的艺术，而只是一种习惯而已，这种经过20多年熏陶而来的习惯，是不会瞬间消逝的。

（作于2011年2月4日）

有一种别离叫温暖

春节的气息似乎还没有完全消散，春节的味道也在一次次的相聚和别离中蔓延。

或许，春节的意义不仅存在于饺子、春联、拜年和鞭炮声中，也意味着亲人们在时间和空间中时而走近，时而走远。

春节给人们长久分离后的相聚提供了理由，也给人们短暂相聚后的别离留下了借口。

对消费社会中的个体而言，春节，甚至很多的节日，已变成纯粹的时间，或者，节日的时间维度似乎超过了它的文化意义。

春节，也是一种空间。在春节的名义下，由人、包裹、脚步、候车室、火车和飞机等构成的物理空间，似乎在填充和支撑着春节的文化空间。

相聚和别离，这个不停变换的两面，赋予了春节独特的时空色彩。似乎是相聚和别离使春节显得更有意义，而不是相反。

每个人的生活中都存在着很多的“两面”：爱与恨，得与失，高兴与悲伤，相聚与别离。我们往往会享受和留恋爱、得、高兴和相聚的一面，而害怕和逃避恨、失、悲伤和别离的那端。然而，最能触动人心的可能不是前者，而恰恰是后者。

一个重要的原因是，爱、得、高兴和相聚这些积极体验，让人感受到的更多的是一个安然的“自己”，而恨、失、悲伤和别离则让人感知一个矛盾的双重的“我”：一个是自己努力向往的，一个则是自己有意排斥的。

人在相聚的时候，会庆幸别离的结束，而在别离的时候，总是想象相聚时的自己，因而会黯然神伤。

别离让人感伤，不是源于别离的时刻，而是因为时间和空间在人的身体和心灵上安插进太多的生活图景。离情，在于物是人非；别意，源自时空流转。

当然，这不意味着我们否认别离的感伤源自人的性情，而是说，人的性情总是在特定的时间和空间中变化，也唯有在时空之中或者随时空移易，人的性情才能显露，也才有价值。

相聚时，时间由长变短，静态取代了流变；别离后，时间变化延长，人心也在时间的流动中无法安然。

相聚时，我们占有有限的空间；别离后，我们占有了更宽阔的领域。因此，别离不是情感的中断，而是情感的扩大和延续。

我不认为时空是外在于人的所谓的客观存在。每个人都有自己的时空，也唯有拥有属于自己的时间和空间，我们才能驾驭自己的情感——使相聚不会变成平淡，而别离也不意味着遥远。

相聚后，生活循环往复，淡化了聚散体验；别离时，习惯骤然中断，情感便泛起了微澜。生活不就是如此吗？——有波如镜面，也不乏流水潺潺，甚至少不了惊涛拍岸。

在个体的意义上，相聚是一种向往，但在社会的意义上，别离也是生活的常态。

生命的意义怎能在相聚的单一维度中实现呢？

相聚时，我习惯了每天清晨，母亲轻轻掸去地板上的灰尘，而饭锅里飘出了阵阵粥香；别离时，我嗔怪母亲不紧不慢的脚步，但难忍看到车门关闭后她那渐行渐远的背影。

相聚时，我习惯了每天中午，妻子赖在被窝里悄悄探看，向我展示她顽皮的鬼脸儿；别离后，我藏起了妻子的睡枕，在被子的纤维中寻找她气息的余温。

相聚时，我习惯了每天傍晚，在书房中静静地躬身伏案，而客厅里，电视的声音很轻、很淡；别离后，我依旧读写圈点，但在翻开书本的那一刻，我疑惑客厅里为何没有了那轻柔的对话声。

……

相聚，可能意味拥有，但别离，不代表失去。

别离，让我的一个个清晨、中午和傍晚纷纷苏醒、重现；别离，让我在房间的每个角落里都能听到母亲和妻子的笑声。

也许，别离会带来忧伤，但忧伤是因为牵挂，而牵挂出自内心的真情。别离是一种温度，它等同于人的体温。

于我而言，有一种别离叫温暖，有一种思念叫温馨。

（作于2010年3月8日）

生命中的无名者

早晨，6点50分，我准时从家里出发，去京昌路回龙观北站，等待学校班车的到来。

雨后的京城，虽然天气阴蒙，但空气还算清新，而且夹杂着一丝久违的泥土气息。

每次都穿过一片树林，树林很小，里面几乎没有杂草，所以显得树林小而空旷，似乎每棵树都很孤独。

我想，树之所以孤独，可能是因为，旁边就是车来车往的八达岭高速公路，车轮滚滚，汽笛阵阵，使每棵树都无暇安睡。一日之晨，人们行色匆匆，而每棵树似乎都难掩倦容。

和每次不同的是，远处便看到树林中间似乎躺着一个人，由于树林很小，随着脚步的临近，这个判断很快得到证实。

我的第一感觉是奇怪，在这个刚刚下过雨的早晨，在这个湿漉漉的树林里，怎么会有人睡在这里呢，除非是精神失常的流浪者？

不过，看到那个人身上盖着的棉被，我确信他来自农村，是个农民工，因为那种颜色鲜艳的大印花被，马上激起我对农村生活的记忆。

也许他精神不健全，也许他遭遇不幸，也许……

不管怎样，我决定走近看看。

他还在熟睡，似乎丝毫没受到噪声和湿气的影响。他身上的棉被看起来很厚，但身下的褥子和地面之间，仅有薄薄的一层编织袋，虽然他没有直接躺在地上，但我能想象那种阴冷潮湿的感觉。

我忍不住叫他："师傅！师傅！……师傅！醒醒啊！"

叫了四五声后，他慢慢睁开眼睛，我感到他眼神中透出惊奇和不解。

"你怎么睡在这儿啊？多凉啊？"他没有应声，只是很陌生地看着我。

我伸手摸了摸他的被子，被子不算旧，但很潮湿，可能他昨晚就睡在这里，而且淋了雨水。

“你是在这儿干活吗？怎么没回家？你住哪儿啊？”

“现在没活儿，我没钱回家啦。”

我知道，我没有太多时间弄清他的情况，即便弄清，我也不知道如何帮助他。

我甚至想到，他可能不是无家可归，而只是行乞骗钱，但我无法确证。此刻，我只知道，我内心有种力量，让我不能匆匆离去。

“我给你200快钱吧，你赶快去旅店住一天吧，要不你快回家吧！别在这睡了！”

他用手推了一下，表示拒绝。

“拿着吧！快起来吧，别在这儿睡了！”

“谢谢啊！”他回答说，同时望了望自己的手和我的脸。

几次看到他的表情和眼神，我相信他确实遇到困难，他不是骗子，也不像心智不健全的人。

我觉得我能帮他的也就这些了，我不想询问他太多，我知道，那样除了满足我的好奇心外，对他几乎没有任何作用。

我来到班车停靠的位置，当我回头向他张望时，看到他已经坐起身来，也在朝我的方向望着。我似乎能感到，他的眼神穿过稀疏的树林，径直落在我的身上，让我顿感轻松，也倍觉沉重。

这一刻，这个无名者，成为我个人历史的一部分。也许不久，我会忘记这个场景，忘掉这次经历，但此刻，我的脑海里不断出现那双棉被，那个人熟睡的样子，他醒来后有些惊奇的眼神。

坐在班车里，我不停地想：他从何而来，又所为何事呢？他究竟有什么困难？也许，他的钱花光了，或者丢了，或者被抢了？或者，他失去了工作，没有勇气两手空空面对家人？

这些，我都不得而知。

不管怎样，我想，这个大约40岁的男人，是一个母亲的儿子，可能也是一个妻子的丈夫，也许还是一个或更多孩子的父亲。也许，他们在牵挂着他，希望他在外平安，盼着他早日归来。

（作于2012年5月11日）

怀念老六

昨晚8点55分，从楼下散步回来，看到老大（大学时宿舍的“大哥”）的短信。这个短信，让我平静的心情一下子跌入了谷底：“林新立于二〇一一年一月三日因肝癌逝世了，我想想还是应该告诉大家。兄弟太年轻了，太可惜了。看到短信给我回个电话。老大，李继峰。”

这个消息，真的是晴天霹雳，让人不敢相信，更不愿相信。我甚至不敢给大哥打电话，就是希望这个消息是假的，但我又必须打电话求证这个消息……

挂了电话，我才知道这是真的，心里很堵，很难受，说不清是沉重感，还是无力感。我没有给其他兄弟打电话，我知道，此刻，他们和我一样，正处在震惊和悲痛之中。

缓了一下神儿，我马上登陆了QQ，发现上次和老六联系的时间是2010年6月18号，说的是我想去杭州玩，到时去看他，一起喝酒。打开QQ群发现，老六最后的痕迹是12月25号，留言内容：“祝圣诞节快乐！”我猜，那时老六已经查出了病情，否则，不会这么快就离开了我们。没有任何先兆便传来噩耗，一切都太突然了。

老六就这样悄无声息地走了，走完了他只有30年的人生。于辉（老六的爱人）说：“他走得很安心，没遭多大罪。”看到这句话，感觉自己心情安静了许多。

曾经一个宿舍住过的八个兄弟，只剩下七个了。兄弟还在，而人已经走了。我不愿承认：人走了一个，八个兄弟就残缺了。然而，心里还是有种沉重的残缺感。

从1999年相见，到再见，只有十一年三个多月的时间——确切说是只有八年三个月的时间，因为上次见到老六是在2007年冬天，虽然此后也有联系，但未曾相见。

虽然人走了，但当我回想初次见面的情景，以及生活中的点点滴滴时，感觉那个曾经朝夕相处的兄弟，依然是那么鲜活。只是，无论此刻怎样回忆，也无法改变失去老六的现实了。

1999 年 9 月 13 日，是大一新生开学的日子，那是兄弟们初次见面。我进宿舍时，大哥、二哥、三哥、四哥，还有六哥都已经到了，五哥和七哥是下午才到的。当时，老六的床在门右上铺，我在门左上铺，正好是对床。我进门时老六正躺在床上，印象中他穿着黄色的长袖 T 恤，和其他兄弟相比，他显得更胖一些。也许是初次见面，大家话语不多，打声招呼便各自忙着。

让大家印象最深的是学院迎新晚会上，老六登台献艺，所唱的曲目我已记不清，或者是郭峰的《甘心情愿》，或者是吕方的《朋友别哭》，表演后引起了不错的反响。也是从那时开始，老六有了“情歌王子”的美称。平时兄弟们出去聚餐，老六肯定是主唱。其实，《甘心情愿》和《朋友别哭》这两首歌，我也是从老六的磁带中学的。

大一时，兄弟们从老六口中得知，他有个在哈理工上学的高中同学，叫金菊。当时兄弟们起哄，认为两个人关系不一般，后来发现他们只是普通的高中同学，并没有我们想象的恋爱关系。兄弟们对老六的一个新发现是他追于辉的时候，老六表现出超常的细腻，打电话、买礼物、迎来送往，最终赢得了这个晚我们一届的学妹的芳心。此后，老六更是表现出一个好男人的风范，对于辉的照顾可谓无微不至，甚至让我们觉得他到了“重色轻友”的地步。

老六属于那种对专业和考试比较随意的人，而听歌和唱歌似乎更是他的兴趣所在。直到现在我也认为，在哲学和音乐之间，他更钟情于后者，否则，他不会一直活跃在中国原创音乐基地网，并且自己录制了 100 多首歌曲。还记得有一次在三哥家，我们一起欣赏了老六翻唱的《断桥约会》。三哥说：“老六比原唱唱的还好听。”我表示赞同，而且还特意学唱了这首歌。如今，再次进入老六的空间，听到他那熟悉的歌声，心情和大哥说的一样：五味杂陈。我相信，爱音乐、爱唱歌的老六，在天堂一定不会孤独，他的歌声将不仅温暖自己，也会温暖其他人。

大学期间有很多快乐的事，每件快乐的事，都是兄弟们一起编织的。记得大家常去医大俱乐部看电影，从下午一点半到晚上九点，只需要两块五毛钱，影片内容，我印象最深的是“古惑仔”系列。我想，那时之所以喜欢暴力电影，也许是因为它给无处释放的青春期欲望提供了一个宣泄口，而这个宣泄渠道在课堂上是永远找不到的。电影散场后，兄弟们有时还要大吃一顿，把酒言欢，毫无顾忌。

无论是看电影，还是其他活动，兄弟们吃饭的地方并不固定，一开始是服装城旁边的“天缘饭店”，那个地方大一时去的比较多，后来可能是因为拆迁，这个地方不存在了。还有学府三道街的“方舟小吃”，我记得大二时，兄弟们集资买旧电视的那天，就是在方舟小吃吃的饭，吃的很简单，烤羊肉串、烤饼、疙瘩汤等，后来那个地方来也被拆了。再就是“老华西”火锅，那里的紫米粥很好喝，这个饭店后来搬到了学府四道街，虽然名字依旧，但对它已没有了最初的感觉。另外，“拐角清真”也去过多次——“拐角清真”是大家惯用的称呼，我只知道是街角的清真饭店，它的真名却从未知晓。

买完电视后，兄弟们多了一件乐事，就是看电视、看电影，看电影用的影碟机还是二哥从高中同学那儿借来的。如果淘到有意思的片子，兄弟们会互相告知。当时，差不多是二哥和老六最先有了传呼机，如果老六不在宿舍，兄弟们会传呼老六：“老六，有好片儿，快回来看啊！”结果，老六就很快从自习室奔回宿舍。人齐了，兄弟们就围坐电视机旁，互相调侃，放声大笑，好不痛快。

毕业后，老六做过几份工作，先是在哈啤，其间被派驻温州一段时间，后来办网校，又做过酒品代理。老六做酒品代理时，我正在吉大读研，有一次他参加在长春举办的糖酒展销会类的活动，我们在吉大聚了一次。考虑我还是学生，那次是老六掏腰包，请我享用了一顿美餐。

2006 年我在老家办完婚礼不久，老六和于辉，还有大哥、三哥和三嫂到了我和马媛在江北的租屋，来看我们的婚纱照和结婚录像，主要还是“慰问”我们这对新人。还记得老六坐在我们的床上，由于力量有些大，坐掉了一块床板，当时大家都笑他胖。其实，那是张铁床，床板不够，本来就很窄的板条之间还有很大的空隙，所以承重不好。

后来，老六去了杭州发展，兄弟们见面的时间越来越少了。最后一次见到他应该是 2007 年冬天，那次兄弟们在黑大 C 区小聚，由于我要和刚考完试的马媛赶回江北的车，就自己先走了。没想到，那次竟成了永别。

回想逝去的时光，总觉得那么美好。而此刻，老六却再也不能和兄弟们举杯畅饮了，兄弟们也无法再看到老六深情地放歌了……

昨天，收到大哥的短信后，我给老六的 QQ 留了言："六哥，你就这样走了，连个招呼也没和兄弟打，你走得太快、太快了。愿你一路走好！记着，我们永远是兄弟！"我甚至希望第二天再打开 QQ 时，能看到老六的回复，说我是在和他开玩笑。然而，当我早上打开 QQ 时，里面没有任何信息。虽然如此，我相信，老六一定会看到我的留言，也一定能感觉到兄弟们在怀念他、祝福他。

人走了，情义在。

兄弟，走好！

（作于 2011 年 1 月 19 日）

回忆段玉梅老师

一

昨晚从高中同学那里得知，我们高中英语老师段玉梅因病去世了。

不太确定消息的真实性，于是向黄志强求证，因为他夫人和段老师在同一个高中任教，得到的回复是“消息是真的”。

说实话，这些年，对人生无常多了一些观察和体验，所以这个消息带来的并不是“震惊”，而是唤起了高中的很多生活片段和对师生经历的怀念。

印象中，1996 年秋高一入学，最先见到的是班主任李金宝老师和副班主任段玉梅老师。那一年段老师刚刚大学毕业，印象中她留着长发，穿一件带几处黑边的白衬衫，外罩一件大针孔毛线马甲，看起来身材高挑、非常年轻。

班主任李老师给我们介绍，说段老师是大学期间少数通过英语六级的学生，所以她教我们英语，是非常胜任的。事实证明，段老师带的两个班，英语成绩在年级组中名列前茅。

二

虽然我中考时英语考了 139 分，但其实初中英语基础并不好，比如什么是清辅音什么是浊辅音，甚至如何读重音，都不太清楚。很多题目做对了，但并不知道其中的道理，可能是课文背多了，凭感觉能做对题目。

高一时，段老师讲课能把很多语法规则讲清楚，辅以课堂练习和课后习题，我也认真记了笔记，还做了“三点一测”“英语 1 + 1”等班级比较流行的课外题集，英语也有了一定提高。

段老师性格开朗、声音洪亮，课堂气氛很好，印象中她没有狠狠批评学生让人感到被羞辱的情况，和同学们相处得很愉快。

昨晚和马春媛聊天，说我们还要感谢段老师，因为她加深了我们的感情。这看似是半开玩笑的话，其实也是事实。我高中学习成绩还可以，同桌马春媛英语不错，段老师经常同时叫我们英语对话，就像营造了一种“你俩是一对儿”的氛围似的，还清晰地记得她叫我俩的特殊称呼是“王建民的右同桌”。

因为我和马春媛同桌时间比较长，还有过两次分开后又坐回同桌的经历，很多同学以为我们在谈恋爱，其实没有，只是互有好感而已。那时青涩纯真，段老师让我们英语对话时，还略感羞涩尴尬，同时也夹带一丝喜悦——可能是一种“欲说还羞”的感觉。

后来，因为考高临近的压力，以及一些小的误会，我将座位换到了第一排，当时记得很清楚，段老师坐在我旁边问：“咋串到这儿来了?”言外之意，你和马春媛关系挺好，怎么不坐同桌了？我当时只能支支吾吾不置可否。后来和马春媛谈恋爱时，她说起段老师背后问过其他女生，我俩是不是谈恋爱了。

最初觉得老师是不是有些“八卦”，但当我毕业做了高校教师后，有机会体会老师的心境，也站在老师的角度看待学生，再回想起高中生活，以及老师对学生的态度，会觉得那时的生活充满温情。

大约在高二下学期，段老师怀孕了，也渐渐胖了一些，可能婚姻确实是人生的大事，段老师课余时间常和坐在前排的同学聊聊家常，很有趣。

休完产假，段老师回到讲台，印象中她穿着一身绛红色套裙，可能是做了母亲的缘故，她不再像我们高一时看到的那样爱打扮了。

我对段老师比较鲜活的记忆，她的音容笑貌，穿着打扮，好像就这些了。

三

高考后见过段老师一次，应该是1999年8月份的某一天，在高三年级组的办公室，我去找班主任李金宝老师拿录取通知书，因为毕业后种种离情别绪，当时有些回避见到老师们，于是半趴在李老师的办公桌上看报纸。

“这不是王建民吗!”我回头一看，是段老师刚从外面进来，叫我的名字。和段老师简单聊了几句，她就坐下来工作了。至于聊了什么，告别时的场景是什么样，已经没有印象了。

这是和段老师的最后一面。

上大学后听说，段老师因为爱人工作调动，去齐齐哈尔市某高中任教了，更多的细节，无从知晓。

每次高中同学小聚，常提起高中的老师，会想起青春靓丽的段老师，为人妻人母后爱唠家常的段老师。

四

已近不惑之年，愈发觉得时间过得越来越快了。

过去的很多事，很多人，仍然能清晰地回忆起来，但算起来，有些已是二十年前了。

一年一度的高考马上到了，我们这一届高中生，毕业也已十九个年头。那三年的老师，那三年的同学，那三年的寒窗，回想起来仍然刻骨铭心。仍然能够想起，老师在讲台上，或横眉立目，或谈笑风生，无论当时或悲或喜，现在都是厚重的记忆。

这十九年的光阴，除了少数同学有机会小聚，大多数同学都未曾相见，一些老师也无缘再见，就像一片森林中的树木，大家各自过着自己的生活。

实际上，这十九年中，每个人都在经历着各种各样的事，每个人都在感受或承担着命运的安排，只是天南海北，彼此不知。

高中那三年，不仅让我们增长了知识，而且改变了我们的命运，也塑造了我们的精神世界——会时不时地回忆、想念，从中感受同学的深情和青春的美好。

我相信，段老师生前，也一定经常想起我们，因为我们班是她毕业后带的第一个文科班，意义不同寻常；可能她无法记得每一个学生的名字，但一定在回忆起师生共处的情景时，感到温馨和美好，那些情景，也是我们共同的青春。

（作于2018年5月29日）

春天的另一种表情

蜜蜂之约

选择花
不是为了她的美丽
而是给春天一个交代

无意争春

是我在等春天
还是
春天在等我
抑或
春天等待的
只有她自己

分别与眷恋

有一种表情
不是写在脸上
有一种等待
不是守在家门
有一种开始来自结束
有一种生命叫作死亡

（摄影、文字，于2010年4月23日北京回龙观）

课后偶作

你落你的叶，
我上我的课。
本来不相识，
直等我走过。

（作于2015年10月29日，图为中央财经大学沙河校区一角）

烟花

因为在夜里出发
所以常常误入歧途

冬日的阴霾
怎成了生命的归宿

每一天都是归乡的日子
每一步都是回家的路

家
在山的背后
也在生命的尽头

（作于2013年2月10日）

初冬

叶落秋枝硬，
林空冬草黄。
寒来知母爱，
后悔薄衣装。

（作于2017年11月19日，图为中央财经大学沙河校区一角）

沙河雪

黄叶邀白雪，
沙河掩秋色。
静待书声起，
同唤春来坐。

（作于2015年11月6日，图为中央财经大学沙河校区一角）

春雪

一片两片三四片，
五片六片七八片。
昨天飞遍朋友圈，
今日草中寻不见。

（作于2018年3月5日，图片为中央财经大学沙河校区一角）

西藏行（五首）

巴松措

湖清山更远，
云低水近天。
来过巴松措，
谁愿做神仙？

（图，2017 年 8 月 6 日；文，8 月 6 日、14 日）

去雅鲁藏布大峡谷所经丹娘沙丘

鱼动显水静，
树矮映原高。
不解经幡意，
且看白云飘。

（图、文，2017 年 8 月 7 日）

于雅鲁藏布大峡谷遥望南迦巴瓦峰

江急山更重，
雪白林愈青。
何来刺天剑？
云中羞女峰。

注：“南迦巴瓦”藏语意为“直刺天空的长矛”，因云雾缭绕不轻易露出真面目，又称“羞女峰”。

（图，2017年8月7日；文，8月7日、14日）

傍晚近纳木措

一张蓝宣纸，
似有又似无。
未见神笔动，
墨凝欲坠湖。

（图，2017 年 8 月 11 日；文，8 月 14 日）

纳木措

自古仙人不立书，
漫展青宣向天铺。
神笔无墨挥方际，
一抹浮云一片湖。

（图，2017 年 8 月 11 日、12 日；文，8 月 22 日）

游织金洞

贵州织金洞遍地石笋如繁花盛开，洞顶石钟乳如利剑刺入，奇异壮观。

啜饮千年水，
方开满洞花。
天神寻不至，
挥剑刺高崖。

（作于2018年7月29日）

登华山西峰

2019 年 1 月 28 日，和父亲、大女儿游览华山。上午乘索道上西峰（莲花峰），空中高悬，如入云端，惊险紧张。沿阶游览了南峰和北峰（云台峰），因时间体力所限，未登东峰（朝阳峰）和中峰（玉女峰），下午由北峰乘索道下山。登华山各峰，印象最深的是西峰顶，近峰顶时顿感身凌高空，左右阔远，山似直立，如剑刺天，真乃人间奇观！

飞索入云间，
人在高空悬。
断崖身边过，
雾霭正茫然。
倏忽入奇境，
小步临深渊。
一条龙脊背，
引客向神龛。
劈山救母事，
慈孝越千年。
今见灯与斧，
亦圣亦平凡。
告别芙蓉顶，
沿阶向南山。
回望身所至，
莲花在云端。

可怜游不尽，
朝来夕复还。
愿做山中客，
都市少风岚。

（作于2019年1月29日，2019年2月5日修改）

乡村·母亲

向晚炊烟起，
始觉尘满身。
依依别玩伴，
纷纷向柴门。
饭香如生翼，
缓缓近鼻唇。
门前鸡犬聚，
似欲把羹分。
进门急向灶，
母亲知我心。
俯身拨柴炭，
撩发轻拭裙。
母亲笑又止，
言我似狼吞。
疾与孩童闹，
呼啸满黄昏。

（作于2017年5月14日“母亲节”）

贺师母寿辰

南湖柳色浅，
北海塔影深。
丁酉再添寿，
甲子正逢春。

南湖：长春市南湖公园。

北海：北京北海公园。

丁酉：丁酉鸡年，即2017年。

甲子：指六十周岁。

此诗作于2017年春天，时南湖柳色尚浅，而北海已春意盎然。

（作于2017年4月18日）

子别父：致李江江

因见李江江公告父亲病逝有感而作。李江江系中央财经大学2012级社会工作专业本科生，来自陕西榆林，2016年毕业后在河北某政府机关供职。

半辈平常事，
育子赴京都。
来去千万里，
碎语作家书。
四载学业满，
子别学院路。
心有治平志，
入仕写蓝图。
秦川千年在，
草木荣复枯。
父身遭病累，
度日似燃烛。
初春烛芯灭，
掩泪出门户。
易水寒又暖，
扶母念慈父。

（作于2017年2月27日）

丁酉中秋即墨访故友

2017 年 10 月 3 日晚，一家三口乘长途汽车由蓬莱抵达即墨，车停大铜马边，故友高中同学仝春玲一家三口接站。10 月 4 日去春玲爱人赵春光二姑家（海阳市辛安镇沟里村）并午餐，品尝和采摘了大棚黄瓜，体验了挖花生、芋头，下午游海阳县十里金滩。10 月 5 日游青岛海昌海洋极地世界。10 月 7 日返回北京。

车停大铜马，
重逢明月下。
稚子相拥急，
盼客早来家。
蓬莱海风冷，
即墨夜如纱。
欲去风尘重，
故友具鱼虾。
中秋逢国庆，
同去二姑家。
大棚黄瓜脆，
香芋入口滑。
乡情引童趣，
费力试镐耙。
艳阳暖秋意，
冷水洗泥巴。
车行青山里，

老农卖秋瓜。
风扫行人困，
日映丽人颊。
远礁引飞鸟，
近滩送白花，
浓云暗海面，
细浪平糙沙。
归途兴未尽，
停问苹果价。
主人按狗颈，
入园把枝压。
半岛观极地，
游人似密匝。
鲸豚从人意，
一跃一喧哗。
归来饮老酒，
酒后品清茶。
闲聊平常事，
钟表自嘀嗒。

（2017 年 10 月 7 日初稿于青岛至北京 G194 次高铁，10 月 9 日改定）

悼没有墙壁的房间

突闻师生常用来开展读书会的桌椅因消防检查之故未告知被收走而作。

处远郊常有邻兮，可同学而高谈。
赏全景品片段兮，纵览群学内外。
草木静而虫鸣兮，内有书声琅琅。
气冷灯黑无人兮，吾辈犹自欢喜。
忽闻桌椅已去兮，不知心游何方。
颤颤然羞耻激兮，泪未出而倒流。

（作于 2017 年 11 月 22 日）

毕业季，只想和你喝一杯

写于中央财经大学社会发展学院送2014届本、硕毕业生晚宴归来，致师生共度的时光。

毕业季，只想和你喝一杯
不管我上课时
你是否沉睡
我考试时
你是否苦背
让我们碰一杯
为你畅饮
为你喝醉

毕业季，只想和你喝一杯
无论你是学霸
还是班级的“累赘”
我只记得你的笑脸
始终是那么灿烂

毕业季，只想和你喝一杯
我也曾和你一样
躲在宿舍滥睡
因为
上课很疲惫

或者
点名太悲摧

毕业季，只想和你喝一杯
无论你是否翘课，或者挂科
无论你考研、就业，还是出国
让我们碰一杯
为你欢喜
为你送别

也许，多年以后
你会和我谈起
我曾留下的作业
或者
把你结婚的喜讯
在微信上@我

（作于2014年6月22日）

致学生的藏头诗

应邀为2014级社会学班参与“班级建家”竞赛而作。

中原敢逐鹿，
财货岂为鹄？
社稷身边事，
会力龙马出。
一心向春色，
四海遍松竹。

简释：

敢于在激烈竞争中奋起。
金钱财物岂是最高目标？
在小事中致力国家建设，
汇聚众力便能成就伟业。
只要内心始终充满希望，
整个社会就会变得美好。
“龙马”：取中财校徽“龙马精神”寓意。
“会力”：取社会学原“群学”之意。
“财货岂为鹄”：意为虽学在中财，但有经济实用之外更高追求。
全诗重在表达社会学在中财的与众不同之处和我们的志向。

（作于2015年12月7日）

写给十个班级的姓名诗

致2011级社会工作班的姓名诗

2011级社会工作班是中央财经大学社会工作专业首届本科生班。2012年春季学期给该班讲《社会工作理论》。由于对社会工作理论并不擅长，讲课时感压力，即将结课时有如释重负的轻松感，但却也有一种离别的感伤，于是写下如下姓名诗纪念并述怀。

四海相聚辛卯岁，
马跃中财开宇睿。（马跃、李宇睿）
流涛徐然紫云追，（刘涛、徐然、魏紫云）
沙河水绿林和媚。（林和妹）

佳怡文静出佳阁，（刘佳怡、张文静、任佳格）
葛杰睿智成俊杰。（葛杰、邓睿智、唐俊杰）
慧文静文皆若雯，（杜慧文、刘静文、王若雯）
小洁雯婕赛雪洁。（杨子小洁、刘雯婕、蔡雪洁）

聂瑞常伴李香香，（聂瑞、李香香）
龙娅沉浮渡小双。（龙娅、陈浮、杜小双）
忽然六月送金浩，（宋金浩）
心有欢愉却感伤。

（作于2012年初夏）

致2012级社会学班的姓名诗

自2012年6月赠2011级社会工作班姓名诗始，每与一班级上最后一门课之最后一节课时，均以此类“诗”相赠，以感谢和纪念师生共度的青春时光，几成惯例。曾和学生笑称，对姓名诗的“解释”是“神解释”，即刻意发挥字词的意思，重在表达对学生的赞美或祝福。

1. 时光飞逝

一星渐隐见晓丽，（黄一星，王晓丽）
香花美红簇杨茜。（金香花，金美红，杨茜）
细雨蘅菡留春颖，（朱雨蘅，李雨菡，刘颖）
华雪凯歌送夏麒。（张华雪，李雪凯，夏麒）

简释：

星光渐渐隐去校园展现美丽晨景，
朵朵香花盛开竞与茜草相映争红。
细雨浸润花草留下几多春日颖慧，
转眼间雪中踏歌远去了夏日时光。

2. 寄语共勉

刘弢王馨冲冠延，（刘弢，王馨，周冠延）
张彬琪佳近怡晗。（张彬，方琪佳，王怡晗）
君胸当阔比宇炜，（陈宇炜）
展鹏云里宜思璇。（孙鹏耘，陈思璇）

简释：

刘弢王馨勤学奋进向夺冠努力，
张彬品学优良将迎来美景良辰。
诸君当志存高远胸怀青云之梦，
成名得志后仍应保有美玉之心。

3. 师生情笃

安昊尊涛黄若宸，（安昊，闵尊涛，黄若宸）
王泽天宇雷璧钧。（王泽天宇，雷璧钧）
远方来函迎风雨，（来晗）
词引泪汪悦可心。（汪悦，于可心）

简释：

昊天与黄水相接如恢宏圣殿，
阴晴无常突来雷鸣电闪交加。
风雨中鱼雁传书远方佳音至，
泪湿信纸内心却欢乐而温馨。

4. 青春有痕

加城蒋玲报康昕，（王加城，景蒋玲，鲍康昕）
陈晗宾熙学理论。（陈晗，李宾熙）
其人其事章章逝，（张其其）
可记培青授群人？（孔培青）

简释：

身居加城的景蒋玲带来好消息，
谈及晨光中众学友促膝学理论。
每章的人物观点都已渐渐遗忘，
还记得育才授课的群学老师吗？

（作于2014年初夏）

致2012级社会工作班的姓名诗

1. 山胸水意

慕洋小雨洗玲玉，（慕洋、李小雨、李玲玉）
江江俞锦争照琦。（李江江、吴俞锦、张照琦）

晓峰正宁思水意，（张晓峰、郑宁）
不为禹熹为扶怡。（陈禹熹、岑扶怡）

简释：

仰慕海洋的小雨冲洗着玲珑宝玉，
条条江水锦色涟漪争相映照美好。
早晨的峰峦静静地揣度水波之意：
她不为闪亮自我而是带给人喜乐。

2. 龙马乾坤

龙马乾坤子可依，（张子依）
沙河骥新尽灵琪。（董骥新、靳灵琪）
青柯良驹飞元梦，（陈柯良、聂飞元）
侯王静地宣声疾。（王静）

简释：

龙马担乾坤的中财值得你信赖，
沙河的年轻骏马都聪明而美好。
青枝旁良驹怀着腾飞夺冠之梦，
静静王府的任贤之书急速传来。

3. 淡然处世

孙童梦倩陈昱函，（孙童、李梦倩、陈昱函）
谢心常在自欣然。（谢心、邱欣然）
金鸣有声惊天宇，（张金鸣、王天宇）
蔡林无萏亦引鹃。（蔡琳、吴萏、尹娟）

简释：

像孩童般幻想美好和述说光明与财富。
常怀感恩之心的你生活自然愉悦轻松。
你是那金属器物的嘹亮之音响彻云霄。
或是无花朵的树林但能引来杜鹃鸣唱。

4. 锦绣前程

莫言不懂新华门。（董新华）
文武婧纬大洼村。（武婧纬）
知行和硕鑫来聚，（和硕鑫）
蔡伦纸上字昕昕。（蔡昕昕）

简释：

不要说你离权力之门太遥远，
大洼村潜藏着无数文武全才。
坚持知行合一财富自会登门，
蔡伦所造纸上闪耀成功美名。

（作于2014年初夏）

致2013级社会工作班的姓名诗

1

郭友张杉礼世涵，（郭友、张杉、李世涵）
晋城雨萌遇陈璇。（张晋城、刘雨萌、陈璇）
一笛铜亮展钧艺，（刘一迪、鲁铜亮、冯钧艺）
锦帅思堃已忘言。（彭锦帅、周思堃）

简释：

外城友人张杉彬彬有礼广为接纳，
她在细雨飘洒的晋城邂逅了陈璇。
晴空下铜箍闪亮的笛子艺蕴博远，
英俊的男子无需言语便寄意伊人。

2

秋日丁纯照山崴，（丁纯，赵崴）
沙河黄影无林玫。（黄颖，吴林玫）

何来雅芳包琦慧？（曹雅芳，包琦慧）
昊霖英乔吴一伟。（李昊霖、胡英乔、吴一伟）

简释：

秋日清爽透彻照在山水弯弯处，
沙河却雾黄遮天模糊了玫瑰林。
如此场景中何处传来芳香灵韵？
源自甘霖浸润的笔挺吴一伟君。

3

小波晨晨流世雄，（陈小波、杨晨晨、刘世雄）
常忆尔诺书里耕。（罗尔诺、李耕）
虽无卿权施房政，（施卿权、房政）
已显文强尽艺萌。（郭文强、晋艺萌）

简释：

水波日日徐徐流去几多英豪，
后人当念先哲寄语潜心读书。
虽然尚无管理房政之权在手，
但已展露文艺才华尽情萌发

（作于2014年初夏）

致2014级社会学班的姓名诗

1. 心清志远

晓雯冉冉现瑞晴，（陈晓雯、丁冉冉、陈瑞晴）
雨虹成忆吾绪青。（李虹忆、伍绪青）
心余佳明宏福至，（余佳明、郭宏福）
极目烺坤任依翎。（杨烺坤、何依翎）

简释：

晴空渐渐从霞光处显露，

赏虹后心情如绿意萌萌。
内心通明自会运佳意顺，
前途广阔无边任我高翔。

2. 浪漫青春

瓮水思佳涵双莉，（杨思佳、瓮莉莉）
童仁诚杰识丹妮。（郑童仁、施诚杰、石丹妮）
杨柳荫殷三媛梦，（杨媛、殷媛、谢媛媛）
芸擎成宇伴君栖。（解芸擎、盛成宇）

简释：

瓮水有意滋润茉莉竞妍，
年少才子慧眼众里寻芳。
杨柳轻舒荫下思君之梦，
梦伏香草飘飞遍布君旁。

3. 桃李齐芳

姜珊张璐齐承婧，（张璐、承婧）
邹婕农麟喻才情。（邹婕，农麟）
晓欣赵蕾哈布尔，（邵晓欣、赵蕾、哈布尔扎萨拉）
桃李沉硕比三婷。（陈硕，赵茜婷、张婷婷、蒋钰宫婷）

简释：

名中带玉者皆承继才品，
邹婕农麟名有才华意蕴。
赵家花蕾欣欣然映春色，
桃李丰硕预示美好无边。

（作于 2016 年初夏）

致2014级社会工作班的姓名诗

1. 人才济济

孟兰艺华晓丹虹，（孟兰、兰艺华、陈晓丹、彭丹虹）
此心安倩梁可宁。（安倩、梁可宁）
黄蒲以泽沙金地，（黄蒲以泽、沙金地）
龙马世新看社工。（吴世新）

简释：

孟兰心怀才艺善品丹虹，
内心安然者可成栋梁才。
春日黄蒲泽被金沙宝地，
我社工班龙马英才辈出。

2. 美好祝福

晓蝶翩翩卫云稀，（王晓蝶、卫云）
日照瑾泽伴刘祎。（杨瑾泽、刘祎）
尔曹丽庆韩甜笑，（曹丽庆、韩甜）
琦佳张锐金钵迪。（傅琦佳、张锐、金钵迪）

简释：

彩蝶翩翩然随轻云漫步，
在日光下发出美好光泽。
愿你们每日都喜庆欢笑，
犹如美玉生光金钵纳祥。

（作于2016年初夏）

致 2015 级社会学班的姓名诗

1. 冬去春来

岁寒怡悦卜冬青。（郭怡悦，卜冬青）
王燕呢喃桃李萌。（王燕，李萌）
林中珊伊绘春色，（林珊伊，梁伊绘）
星辰斗转又舒东。（吴星辰，舒东）

简释：

天气严寒却怡然想象一抹青色，
春日来燕子呢喃桃李开始萌发。
树林中的她正在描绘春日美景，
斗转星移又迎来东方勃发时节。

2. 且柔且刚

云芸斯懿多陈恋，（陆云芸，李斯懿，陈恋）
桃红李毓出天田。（李毓，陈天田）
岳中吉琳光若旭，（岳吉琳，王若旭）
鹏宇豪明万人喧。（谢鹏宇，张宇豪，李明万）

简释：

在美好的花草中诉说柔情蜜意，
良田沃土孕育出桃李满园芬芳。
君若山中灵光宝玉现旭日光彩，
又怀青云志赢得众人喝彩高声。

3. 淡然境界

茜茜园里又铃茜，（姜茜茜，劳铃茜）
初苏立红沁冰雨。（苏立红，薛沁冰）
李丽何计金宝贵，（李丽，刘金宝）
放眼佳维唱关雎。（张佳维）

简释：

茜草满园在风中摇曳而多声，
花朵初放时却遭遇冰雨风霜。
内心如桃似李非金银能比价，
放眼四方尽情抒发浪漫襟怀。

（作于2017年初夏）

致2015级社会工作班的姓名诗

冬阳一萌罗钰莹。（李冬阳、刘一萌、罗钰莹）
玉娇思源王璐清。（韩玉娇、黄思源、王璐清）
徐琳浩琳孙莉莉，（徐琳、吴浩琳、孙莉莉）
张元彭博吴雯婷。（张元、彭博、吴雯婷）
罗贞若楠高芳睿。（罗贞、孙若楠、高芳睿）
晴明安好伴君行！（李明安）

简释：

一抹冬阳映照出晶莹玉色，
君子如玉赢在本源之清明。
似美玉鲜花淡然相映成趣，
又朝气蓬勃一如彩云升腾。
坚实如楠木且又秀外慧中，
天清气朗伴诸君学业有成！

（作于2017年初夏）

致 2016 级社会学班的姓名诗

1

之霖越齐又至鲁，（张之霖、刘越齐）
思佳秋芳已渐疏。（王思佳、刘秋芳）
更爱江南童锐满，（艾江南、童锐）
细雨沙沙彭丽苏。（杨雨沙、彭丽苏）

简释：

夏日甘霖已告别齐地来到鲁地，
南行中美丽的秋色已渐渐变淡，
还是更喜欢江南如孩子般朝气：
细雨沙沙声中一切都美丽鲜活。

2

金色盈盈显华超，（金盈盈、华超）
奏毕凯歌赏陈瑶。（李凯歌、陈瑶）
雨芳森彦乔心艺，（崔雨芳、胡森彦、乔心艺）
单宇晴下海丰滔。（单宇晴、龙海丰）

简释：

金色的秋日显现出繁华景象，
唱完胜利之歌后又欣赏宝玉。
秋雨来让森林乔木更显美好，
秋雨后万里晴空下海浪滔滔。

3

王鑫铠昕俱雅欣，（王鑫、黄铠昕、于雅欣）
手捧冰钰陈文君。（张冰钰、陈文君）
进文嘉美如星雨，（靳文嘉、刘星雨）
满目亚奇惊更深。（张亚奇）

简释：

王鑫和黄铠昕都品质文雅，
手捧冰玉与饱学之士述说。
所呈文章有如流星雨夺目，
引起观读者一片惊奇感叹。

（作于 2018 年 1 月）

致 2016 级社会工作班的姓名诗

赛明文静范许俐，（康赛明、杨文静、范许俐）
勇强思佳又梦琦。（刘勇强，刘思佳，张梦琦）
毛一林中韩廷豹，（毛一林、韩廷豹）
冬来观雪夏书宜。（夏书宜）

简释：

女生代表康赛明文静而伶俐，
男生代表刘勇强有梦又纯真。
大家朝气蓬勃如林中的虎豹，
可赏冬雪又能描绘夏日美景。

（作于 2018 年 1 月）